CRIPTOMONEDA PARA PRINCIPIANTES

GUÍA PASO A PASO DE TRADING, SEGURIDAD DE BILLETERAS Y FUNDAMENTOS DE BLOCKCHAIN PARA EVITAR ESTAFAS, PROTEGER LAS INVERSIONES Y ENTENDER ASPECTOS LEGALES Y FISCALES

P.F. TAYLOR

ÍNDICE

INTRODUCCIÓN

En la última década se ha producido una revolución financiera silenciosa que ha puesto en tela de juicio los cimientos mismos de nuestra economía global. Esta revolución es la criptomoneda, una forma digital de dinero que está transformando nuestra forma de pensar sobre el valor, la propiedad y la confianza. Desde la creación del Bitcoin en 2009, la capitalización bursátil total de las criptomonedas ha pasado de cero a más de un billón de dólares, atrayendo a millones de inversores en todo el mundo.

Como profesional de las finanzas con años de experiencia en contabilidad y evaluación de riesgos, me sentí atraída por el potencial de esta clase de activos emergente. Al igual que muchos de ustedes, al principio era escéptica y me sentía abrumada por la jerga técnica y la complejidad que rodea a las criptomonedas. Pero a medida que profundizaba, me di cuenta de que bajo la superficie se escondía una tecnología con el potencial de remodelar nuestro futuro financiero.

Este libro, «Criptomonedas para principiantes», es el resultado de mi viaje al mundo de los activos digitales. Se trata de una guía completa diseñada para simplificar los conceptos básicos de las criptomonedas, que le proporciona las herramientas y los conocimientos necesarios para navegar por este panorama apasionante, pero a menudo confuso. Tanto si es un completo novato como si tiene cierta experiencia en inversiones, este libro le ayudará a comprender los fundamentos del comercio, la seguridad de las billeteras y la dinámica del mercado.

El mundo de las criptomonedas está evolucionando rápidamente, con nuevos proyectos, tecnologías y regulaciones que surgen a diario. Puede ser a la vez emocionante y abrumador, y estar lleno de historias de gente que dice hacerse millonaria de la noche a la mañana y costosas estafas. Por eso me he propuesto crear un recurso que aclare las dudas y proporcione información clara y práctica para los principiantes.

A lo largo de este libro, cubriremos todo, desde la configuración de su primera billetera hasta el análisis de las tendencias del mercado y la gestión del riesgo. Aprenderá a investigar y evaluar diferentes criptomonedas, a comprender el impacto de las noticias en los precios y desarrollar un plan de trading que se ajuste a sus objetivos y tolerancia al riesgo. También exploraremos las implicaciones legales y fiscales de invertir en criptomonedas, asegurándonos de que cumpla con la normativa y esté informado.

En este libro encontrará guías paso a paso, cuestionarios interactivos y conocimientos de traders experimentados y expertos del sector. Al final, tendrá las habilidades y la confianza necesarias para tomar decisiones de inversión informadas y participar en el apasionante mundo de las criptomonedas.

Este libro, además, es una invitación a unirse a una comunidad en crecimiento de personas apasionadas por el potencial de la tecnología *blockchain* y las finanzas descentralizadas. A medida que vaya aprendiendo, descubrirá nuevas oportunidades para conectar con personas afines, contribuir a proyectos innovadores y dar forma al futuro del dinero.

Así que, tanto si sueña con la libertad financiera, siente curiosidad por la tecnología que hay detrás del bitcoin o, simplemente, busca diversificar su billetera de inversiones, este libro es su puerta de entrada al mundo de las criptomonedas. Sumérjase con nosotros y descubra el poder de los activos digitales para transformar su futuro financiero.

CAPÍTULO 1

COMPRENDER LOS FUNDAMENTOS DE LAS CRIPTOMONEDAS

EL 22 DE mayo de 2010, un hombre llamado Laszlo Hanyecz realizó lo que hoy se considera una de las transacciones más famosas de la historia de las criptomonedas, y que ahora se conoce como el Día de la Pizza Bitcoin. Compró dos pizzas por 10.000 bitcoins, que entonces valían 41 dólares, pero que hoy valdrían cientos de millones de dólares. En ese momento, esta transacción parecía trivial, pero marcó el comienzo del uso de la moneda digital en el mundo real. Fue un momento crucial que puso de relieve tanto el potencial como la imprevisibilidad de las criptomonedas. Este capítulo tiene como objetivo desentrañar los fundamentos de las criptomonedas y por qué están cambiando nuestra forma de pensar sobre el dinero.

1.1 ¿Qué es una criptomoneda?

Las criptomonedas son, en esencia, dinero digital. A diferencia del dinero tradicional, no dependen de bancos ni gobiernos para verificar las transacciones. En su lugar, funcionan con una tecnología llamada cadena de bloques o blockchain, que es un libro de contabilidad descentralizado de todas las transacciones que se realizan en una red de ordenadores. Esto significa que cuando envía o recibe criptomonedas, la transacción se realiza directamente entre usted y la otra parte, sin intermediarios. Esta naturaleza peer-to-peer es uno de los aspectos más interesantes de las criptomonedas, ya que permite que las transacciones se realicen casi al instante y a un coste menor que el de los sistemas financieros tradicionales.

Lo que distingue a las criptomonedas de las monedas fiduciarias tradicionales es su naturaleza descentralizada. No están controladas por una autoridad central como un gobierno o un banco. Esta descentralización se basa en la tecnología criptográfica, que no solo protege las transacciones, sino que también garantiza que las criptomonedas sean extremadamente difíciles de falsificar. A diferencia de las monedas tradicionales, que pueden acarrear elevadas comisiones por las transacciones internacionales, las criptomonedas ofrecen un alcance global sin necesidad de cambiar de moneda. Sin embargo, es importante señalar que el valor de las criptomonedas puede fluctuar enormemente debido a factores del mercado y al sentimiento de los inversores, lo que puede resultar emocionante y desafiante para los nuevos inversores.

El viaje de las criptomonedas comenzó con el nacimiento de Bitcoin en 2009, creado por la misteriosa figura conocida como Satoshi Nakamoto. Esto marcó el inicio de una nueva era en las finanzas digitales. El éxito de Bitcoin allanó el camino para muchas otras criptomonedas, conocidas como altcoins, cada una con características y propósitos únicos. A lo largo de los años, los avances tecnológicos han impulsado el desarrollo de estos activos digitales, cada uno de los cuales contribuye al rico tapiz que es el panorama actual de las criptomonedas.

1.2 Criptomonedas: ventajas frente a desventajas

Las criptomonedas están transformando el panorama financiero, ofreciendo oportunidades innovadoras y retos significativos. En esta sección se exploran tanto las ventajas como las desventajas de las monedas digitales. Comprender los pros y los contras es fundamental para cualquiera que desee navegar por el complejo mundo de los activos digitales. Tanto si está considerando las criptomonedas para transacciones, inversiones o innovación, esta perspectiva equilibrada le proporcionará los conocimientos necesarios para abordar este mercado dinámico con confianza.

Ventajas de las criptomonedas

Descentralización

- Elimina la necesidad de bancos o intermediarios
- Permite transacciones entre pares sin terceros
- Reduce los costes de transacción y los retrasos en el procesamiento

Seguridad y transparencia

- La tecnología blockchain garantiza que todas las transacciones se registren en un libro de contabilidad público
- Los datos no pueden modificarse sin el consenso de la red, lo que reduce el riesgo de fraude
- Minimiza el robo de identidad y mejora la seguridad financiera

Inclusión financiera

- Proporciona acceso a servicios financieros a personas sin cuenta bancaria o con acceso limitado a servicios bancarios
- Solo requiere conexión a Internet y una billetera digital

Transacciones más rápidas y económicas

- Elimina los retrasos en la tramitación bancaria
- Hace que los pagos internacionales sean más asequibles y eficientes

Oportunidades de inversión

- Potencial de altos rendimientos debido al crecimiento del mercado y la innovación
- Sirve como cobertura contra la inflación
- Permite diversificar la billetera

Desventajas de las criptomonedas

Volatilidad del mercado

- Fluctuaciones de precios altamente impredecibles
- Puede ganar o perder porcentajes de dos dígitos en cuestión de horas

Riesgos de seguridad

- El hacking, las estafas de phishing y el robo son amenazas comunes
- Transacciones irreversibles: los fondos perdidos no se pueden recuperar
- Requiere medidas de seguridad estrictas para proteger los activos

Incertidumbre regulatoria

- Los gobiernos aún están desarrollando leyes sobre criptomonedas
- Posibilidad de nuevos impuestos o restricciones
- El panorama legal varía según la región

Falta de protección al consumidor

- No existe protección contra el fraude como en los bancos tradicionales
- Las transacciones son definitivas, lo que las hace arriesgadas en caso de errores o estafas

Complejidad técnica

- La gestión de claves privadas y la seguridad de las billeteras requieren conocimientos
- La mecánica de la cadena de bloques puede resultar complicada para los principiantes
- Riesgo de errores del usuario, que pueden provocar la pérdida de fondos

Inversión de alto riesgo y alta rentabilidad

- Requiere una cuidadosa consideración antes de invertir
- Exige una formación continua y concientización sobre la seguridad

Aunque las criptomonedas ofrecen oportunidades interesantes, también conllevan riesgos que deben considerarse detenidamente. A medida que se navega por este espacio en evolución, es fundamental equilibrar estas ventajas y desventajas para tomar decisiones de inversión acertadas.

1.3 Tecnología blockchain: la columna vertebral de las criptomonedas

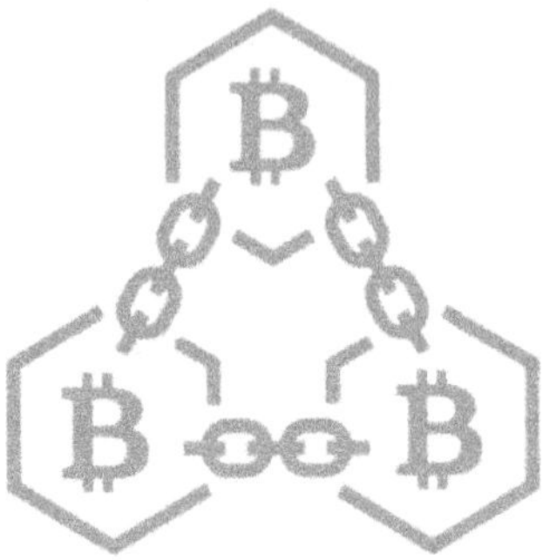

La tecnología blockchain es como un cuaderno digital que todo el mundo puede ver, pero que nadie puede borrar ni modificar una vez que se ha escrito algo en él. Imagine un grupo de amigos que mantienen un registro compartido de transacciones. Cada vez que alguien realiza una transacción, la anota en un libro y todos reciben una copia. Una vez que la página se llena, se bloquea y se inicia una nueva página. Pero antes de bloquear la página, todos comprueban y acuerdan que todas las transacciones son correctas.

En términos técnicos, cada página se denomina «bloque», y estos bloques se enlazan entre sí en una cadena, formando un historial de transacciones seguro e inalterable (de ahí su nombre «cadena de bloques»). Dado que todos los participantes en la red tienen una copia, ninguna persona u organización puede alterar los registros anteriores, lo que hace que la cadena de bloques sea muy segura.

Para preservar la integridad de cada bloque, las redes blockchain utilizan un *hash* criptográfico de todas las transacciones dentro del bloque junto con una referencia al bloque anterior. Un hash es como una huella digital creada a partir de datos que convierte cualquier dato en una cadena de letras y números de longitud fija. Cada bloque contiene una lista de todas las transacciones del bloque, un encabezado de bloque y un número de bloque. El encabezado del bloque contiene información sobre el bloque actual y encabezado del bloque anterior, creando así una cadena de bloques. Esta vinculación de bloques garantiza que, una vez que se añade un bloque a la cadena, modificarlo sea extremadamente difícil, ya que requeriría revisar no solo ese bloque, sino también todos los bloques posteriores y conseguir que la mayoría de los mineros de la red acepten la nueva versión de la cadena de bloques. Esto requeriría una inmensa cantidad de potencia computacional y sería prohibitivamente caro. Además, cualquier intento de cambiar los datos de un bloque podría ser fácilmente detectado por los participantes de la red, lo que genera seguridad y confianza en el sistema.

Proceso paso a paso de la cadena de bloques:

- **Inicio de la transacción**
  - Una persona envía activos digitales (como criptomonedas) a otra persona.
- **Verificación de la transacción**
  - Las computadoras (nodos) de la red blockchain comprueban si la transacción es válida utilizando reglas criptográficas.
  - Esta verificación garantiza que el remitente dispone de fondos suficientes y no está intentando gastar el mismo activo dos veces (evita el fraude).
- **Creación de bloques**
  - Las transacciones aprobadas se agrupan para formar un **bloque**. Cada bloque contiene:
    - Una lista de transacciones
    - Una marca de tiempo
    - Una referencia (hash) al bloque anterior
- **Mecanismo de consenso (proceso de validación)**
  - Para garantizar la seguridad y el acuerdo, la red debe decidir qué bloque añadir a continuación. Esto se hace mediante **mecanismos de consenso**, tales como:
    - **PoW (Proof of Work) o «prueba de trabajo»**: los mineros compiten para resolver complejos problemas

matemáticos. El primero en resolverlo puede añadir el bloque (utilizado en Bitcoin).
    - **PoS (Proof of Stake) o «prueba de participación»**: los validadores se eligen en función de la cantidad de criptomonedas que poseen y que están dispuestos a «apostar» como garantía (utilizado en Ethereum 2.0).
- **Añadir el bloque a la cadena**
    - Una vez verificado, el nuevo bloque se añade a la cadena de bloques y se vincula al bloque anterior, formando una cadena continua.
    - Cada bloque contiene un código único (hash) que lo conecta con el bloque anterior, lo que garantiza la seguridad.
- **Finalización de la transacción**
    - La transacción se registra de forma permanente y todos los participantes de la red obtienen una copia actualizada de la cadena de bloques.
    - Nadie puede alterar ni eliminar transacciones pasadas, lo que garantiza la transparencia y la seguridad.

Tipos de cadenas de bloques

La tecnología blockchain se presenta en diferentes formas, cada una con su propio caso de uso. Las cadenas de bloques públicas, como Bitcoin y Ethereum, permiten a cualquiera acceder y ver las transacciones, lo que las hace descentralizadas y abiertas. Las cadenas de bloques privadas restringen el acceso a los usuarios autorizados, lo que ofrece más control y privacidad. Las cadenas de bloques consorciadas se sitúan en un término medio, en el que un grupo de organizaciones gobierna la red, proporcionando un equilibrio entre la descentralización y el control. Cada tipo de cadena de bloques tiene un propósito específico que satisface las necesidades de diferentes industrias y aplicaciones.

A pesar de sus ventajas, la cadena de bloques se enfrenta a algunos retos. La escalabilidad es un problema importante, ya que el procesamiento de un gran número de transacciones puede ralentizar la red. Este ha sido un tema de investigación y desarrollo continuo, y se están explorando diversas soluciones. El consumo de energía es otra preocupación, especialmente en los sistemas de prueba de trabajo, en los que la minería requiere una potencia informática considerable. Esto ha dado lugar a debates medioambientales y a la búsqueda de mecanismos de consenso más eficientes, como la prueba de participación.

Más allá de las criptomonedas, la tecnología blockchain está causando sensación en diversos sectores. En la gestión de la cadena de suministro, proporciona un registro transparente y a prueba de manipulaciones del movimiento de los productos, lo que mejora la eficiencia y reduce el fraude. El sector sanitario también se está beneficiando, ya que blockchain permite compartir de forma segura los historiales de los pacientes, mejorando la privacidad y la integridad de los datos.

La verificación de la identidad digital es otra área en la que destaca el blockchain, ya que ofrece una forma segura y fiable de verificar identidades sin necesidad de intermediarios. Los contratos inteligentes (contratos autoejecutables con reglas predefinidas), están transformando las industrias al automatizar y hacer cumplir los acuerdos sin intervención humana, lo que reduce los costes y mejora la confianza.

Dadas las ventajas del blockchain, como la mejora de la trazabilidad, la transparencia, la eficiencia y la seguridad, se espera que su adopción siga creciendo en diversos sectores.

1.4 Desmitificando la jerga de las criptomonedas

El mundo de las criptomonedas está lleno de términos y frases que a primera vista pueden parecer desconcertantes, pero que una vez que se desglosan, son fáciles de entender. Aquí, el conocimiento es poder. Aprender la jerga le permite estar a la vanguardia, tomar decisiones informadas y evitar errores comunes. Tanto si lee artículos sobre inversiones, participa en debates o, simplemente, explora el espacio criptográfico, un buen dominio de esta jerga mejorará su comprensión y capacidad de toma de decisiones, abriéndole las puertas a nuevas oportunidades y a una apreciación más profunda del mundo criptográfico.

Términos y definiciones clave

- **Bitcoin (BTC)**: la primera y más conocida criptomoneda, a menudo llamada «oro digital».
- **Altcoins**: cualquier criptomoneda distinta del bitcoin, con diversas características y casos de uso (por ejemplo, Ethereum, Litecoin, Cardano).
- **NFT (Non-Fungible Tokens) o «tokens no fungibles»**: activos digitales únicos que representan la propiedad de arte digital, música u objetos de colección.
- **Moneda fiduciaria**: moneda tradicional, como el dólar estadounidense o el euro, emitida por los gobiernos.
- **Blockchain (o «cadena de bloques»)**: un libro de contabilidad digital descentralizado que registra transacciones de forma segura en muchos ordenadores.
- **Minería**: proceso mediante el cual se crean nuevas monedas criptográficas, utilizando la potencia de los ordenadores para resolver complejos programas matemáticos y validar las transacciones en la cadena de bloques.
- **Billetera**: herramienta digital para almacenar y gestionar criptomonedas, disponible como software (online) o hardware (offline).
- **Exchange**: plataforma en la que se pueden comprar, vender o intercambiar criptomonedas.
- **HODL:** término popular del ecosistema cripto, originado como un error tipográfico de la palabra *hold*, que hoy se asocia con la idea de *Hold On for Dear Life* y describe la estrategia de mantener criptomonedas a largo plazo en lugar de venderlas.
- **ICO (Initial Coin Offering) u «oferta inicial de monedas»:** método de recaudación de fondos mediante el cual nuevos proyectos de criptomonedas venden tokens a inversores tempranos.
- **Mercado alcista**: periodo de subida de precios en el mercado, que genera optimismo e inversión generalizados.
- **Mercado bajista**: periodo de descenso de los precios, que provoca pesimismo y posibles ventas masivas entre los inversores.

- **Pump and Dump**: expresión que en español significa «inflar y tirar», y refiere a un tipo de estafa en la que se inflan artificialmente los precios de un activo antes de que los iniciados vendan sus participaciones, lo que provoca una caída de los precios.
- **Whale (ballena)**: persona u organización que posee grandes cantidades de una criptomoneda y que es capaz de influir en el mercado debido al tamaño de sus participaciones.
- **Contrato inteligente**: contrato de ejecución automática cuyos términos se escriben directamente en código y se ejecuta en plataformas blockchain.

1.5 Bitcoin y más allá: exploración de las principales criptomonedas

Bitcoin (BTC) es el pionero de las monedas digitales, creado por una figura enigmática conocida como Satoshi Nakamoto. En 2008, Nakamoto publicó un documento que sentó las bases de Bitcoin como moneda digital descentralizada que, a diferencia de un gobierno o un banco, funciona sin una autoridad central. Esta innovación se describe a menudo como el equivalente digital del oro debido a su rareza y a la preservación de su valor. A diferencia de las monedas tradicionales con suministro ilimitado, Bitcoin tiene un suministro fijo y está limitado permanentemente a 21 millones de monedas. Este límite tiene como objetivo principal evitar la inflación y crear escasez, lo que hace que

Bitcoin sea similar a un recurso precioso como el oro, que es valioso en parte porque es escaso. Al tener un suministro máximo fijo, Bitcoin pretende mantener su valor y evitar los inconvenientes de las monedas controladas por los gobiernos y los bancos centrales, que pueden imprimir dinero sin límite. Esta escasez anima a la gente a considerar Bitcoin como un activo valioso, lo que promueve su adopción e inversión como forma digital de dinero.

Los bitcoins se crean mediante el proceso de minería. **La minería** consiste en resolver complejos problemas matemáticos en potentes ordenadores. El primer minero que resuelve el matemáticamente bloque puede añadir ese bloque a la cadena, y recibe una recompensa. La recompensa por la minería se reduce cada cuatro años a la mitad. Inicialmente era de 50 bitcoins por bloque, mientras que actualmente es de 3,125 bitcoins por bloque; y según el gráfico que se muestra a continuación, será de 0,10 en 2044. Dado que los nuevos bitcoins se crean mediante la minería, el número de monedas creadas también se reducirá a la mitad cada año, y solo se crearán 41.016 bitcoins al año después de la reducción a la mitad en 2044. Se espera que el último Bitcoin se cree alrededor de 2140.

Reducción a la mitad de las recompensas de minería con el tiempo

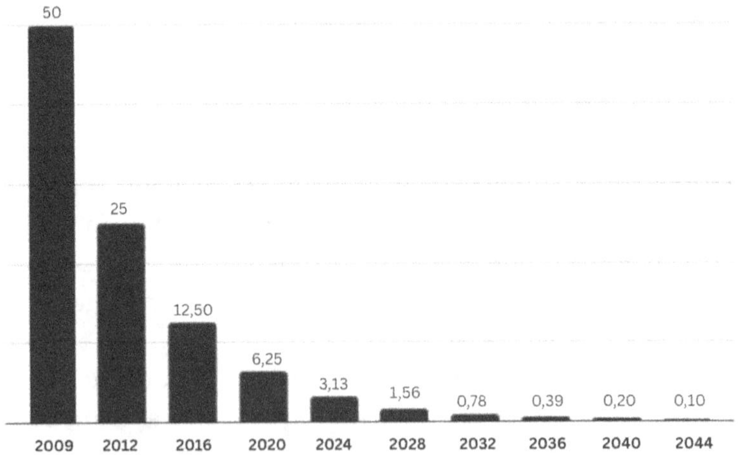

El impacto del bitcoin en el mundo financiero ha sido monumental. Ha desafiado los sistemas

bancarios y de pago tradicionales y proporcionado una alternativa de reserva de valor. Como inversión, el bitcoin ofrece posibles recompensas, pero también conlleva retos, como una importante volatilidad de los precios y el escrutinio regulatorio. Los inversores deben sopesar estos factores a la hora de considerar el bitcoin como parte de sus billeteras.

Ethereum (ETH) entró en escena como un formidable competidor, introduciendo el revolucionario concepto de los contratos inteligentes. A diferencia de Bitcoin, que es principalmente una moneda digital, Ethereum es una plataforma que permite a los desarrolladores crear aplicaciones descentralizadas —o dApps— en su cadena de bloques.

En el corazón de Ethereum se encuentra la Máquina Virtual Ethereum (EVM), que ejecuta estos contratos programables de forma autónoma, sustituyendo eficazmente a los intermediarios. Esto ha abierto un sinfín de posibilidades en diversos sectores. Por ejemplo, han surgido plataformas de finanzas descentralizadas (*Decentralized Finance,* DeFi) que ofrecen servicios financieros sin necesidad de recurrir a los bancos tradicionales.

Ethereum también ha facilitado el auge de los NFT, que permiten comprar y vender arte digital y objetos de colección con una propiedad verificable. Además, han surgido organizaciones autónomas descentralizadas (DAO), que permiten que los procesos de gobernanza y toma de decisiones se desarrollen de forma democrática y transparente en la cadena de bloques.

Los NFT son activos digitales únicos almacenados en una cadena de bloques que certifican la propiedad, la autenticidad y la escasez de artículos digitales como arte, objetos de colección, música, vídeos y bienes inmuebles virtuales. A diferencia de las criptomonedas como Bitcoin, que son intercambiables, cada NFT es distinto y no se puede replicar. Los NFT se utilizan principalmente para el arte digital, lo que permite a los artistas vender sus obras directamente y obtener regalías por las reventas. También son populares en los videojuegos, donde los jugadores pueden adquirir y comerciar con artículos del juego, y en el metaverso, donde se compran y venden terrenos y activos virtuales. Además, los NFT sirven como objetos de colección, ya que otorgan acceso exclusivo a eventos, membresías y ventajas especiales en comunidades online. Su valor proviene de su rareza, demanda y utilidad, lo que los convierte en una mezcla de propiedad digital, inversión y creatividad.

Más allá de Bitcoin y Ethereum, el mundo de **las altcoins** ofrece una amplia gama de opciones, cada una con sus propios atributos únicos.

- Litecoin, por ejemplo, es conocida como «la plata del oro de Bitcoin» debido a sus tiempos de transacción más rápidos y sus comisiones más bajas.
- XRP se utiliza para pagos internacionales y está ganando terreno entre las instituciones financieras que buscan transferencias internacionales eficientes.
- Cardano adopta un enfoque científico, haciendo hincapié en la investigación revisada por pares y en una arquitectura por capas para mejorar la seguridad y la escalabilidad.
- Solana, conocida por sus transacciones de alta velocidad, está causando sensación por su capacidad para procesar miles de transacciones por segundo, lo que resulta atractivo para los desarrolladores que buscan plataformas eficientes.
- Polkadot permite la interoperabilidad entre cadenas, lo que permite que diferentes blockchains se comuniquen y compartan información sin problemas, fomentando la innovación entre redes.

Invertir en altcoins ofrece oportunidades de obtener mayores rendimientos en comparación con criptomonedas más consolidadas como Bitcoin y Ethereum, especialmente cuando se adentran en nichos especializados como las monedas de privacidad y DeFi. Sin embargo, estas posibles recompensas conllevan riesgos inherentes. Las altcoins suelen enfrentarse a una mayor volatilidad del mercado y a problemas de liquidez, lo que dificulta la predicción de sus movimientos de precios. Los riesgos normativos también recaen sobre ellas, ya que los gobiernos de todo el mundo se debaten sobre cómo clasificar y supervisar estos activos digitales.

Para aquellos interesados en explorar las inversiones en altcoins, es importante evaluar los fundamentos de cada proyecto, examinar la credibilidad del equipo de desarrollo y comprender los objetivos del proyecto. La participación de la comunidad y los desarrollos en curso también pueden ofrecer información valiosa sobre el éxito potencial de una altcoin.

Las stablecoins, como Tether (USDT) y USD Coin (USDC), son un tipo de criptomoneda diseñada para mantener un valor estable en relación con un activo específico, normalmente una moneda fiduciaria como el dólar estadounidense u otros activos como los metales preciosos. Su valor se mantiene relativamente estable y puede proporcionar un refugio seguro durante la volatilidad del mercado. Algunos inversores trasladarán rápidamente sus fondos a stablecoins para preservar su valor en momentos de turbulencias en el mercado.

A la hora de comparar y contrastar las criptomonedas, entran en juego varios factores. Los mecanismos de consenso, por ejemplo, varían según las plataformas, lo que influye en su seguridad y escalabilidad. Bitcoin se basa en la prueba de trabajo, que exige una potencia computacional significativa, mientras que las redes más nuevas, como Cardano, utilizan la prueba de participación, que es más eficiente desde el punto de vista energético. Los casos de uso y el posicionamiento en el mercado de cada criptomoneda también difieren. El bitcoin se considera a menudo una reserva de valor, similar al oro digital, mientras que Ethereum es reconocido por su versatilidad a la hora de permitir contratos inteligentes y dApps. Las altcoins satisfacen necesidades específicas, como los pagos internacionales y la interoperabilidad, y las stablecoins sirven como cobertura contra la volatilidad.

Comprender estos matices es fundamental para tomar decisiones informadas en el dinámico y siempre cambiante panorama de las criptomonedas.

1.6 Cuestionario sobre criptomonedas: pon a prueba tus conocimientos

Ahora ya ha adquirido una gran cantidad de información sobre las criptomonedas y la cadena de bloques. Es mucho que asimilar y es perfectamente normal sentirse abrumado. Pero no se preocupe, para eso está esta sección. Al poner a prueba sus conocimientos, podrá reforzar lo que ha aprendido e identificar las áreas en las que necesita centrarse más. Considérelo un punto de partida para evaluar su nivel de comodidad con estos nuevos conceptos.

Verdadero o falso

1. La tecnología blockchain garantiza que, una vez registrada una transacción, esta no se pueda modificar. (Verdadero/Falso)
2. Todas las criptomonedas se minan de la misma manera que Bitcoin. (Verdadero/Falso)

Preguntas de opción múltiple

3. ¿Cuál de las siguientes opciones describe mejor una cadena de bloques?
    - A) Una base de datos centralizada gestionada por una sola organización
    - B) Un registro descentralizado de transacciones que se replica en múltiples ordenadores de la red
    - C) Un tipo de criptomoneda utilizada para transacciones
4. ¿Cuál era el objetivo principal del bitcoin cuando se introdujo por primera vez?
    - A) Ser una moneda digital estable
    - B) Permitir transacciones entre pares sin una autoridad central
    - C) Reemplazar inmediatamente todas las formas de moneda fiduciaria

5. ¿Cuál es un reto común asociado a las criptomonedas?
   - A) Las elevadas comisiones por transacción, similares a las de los bancos
   - B) La falta de seguridad en la tecnología Blockchain
   - C) La volatilidad del mercado
6. ¿Cuál de las siguientes opciones describe con precisión una altcoin?
   - A) La primera moneda digital jamás creada
   - B) Cualquier moneda digital que no sea Bitcoin
   - C) Una moneda digital controlada por un banco central

Respuestas y explicaciones

1. Verdadero
Explicación: La inmutabilidad de los registros es una de las características de seguridad fundamentales de la cadena de bloques.

2. Falso
Explicación: Mientras que Bitcoin utiliza la minería, otras criptomonedas pueden utilizar métodos diferentes, como el *staking* o las ofertas iniciales de monedas (ICO).

3. B) Un registro descentralizado de transacciones que se replica en múltiples ordenadores de la red.
Explicación: Una cadena de bloques es un libro mayor distribuido mantenido por una red de ordenadores, lo que garantiza la transparencia y la seguridad.

4. B) Permitir transacciones entre pares sin una autoridad central.
Explicación: Bitcoin se diseñó para facilitar las transacciones entre pares sin necesidad de bancos ni intermediarios.

5. C) Volatilidad del mercado
Explicación: La volatilidad del mercado es un reto importante, ya que los precios de las criptomonedas pueden fluctuar rápidamente.

6. B) Cualquier moneda digital distinta del bitcoin
Explicación: Una altcoin es cualquier criptomoneda distinta de Bitcoin, que ofrece una amplia gama de características y usos.

Reflexiones finales

Recuerde que este cuestionario es una herramienta que le ayudará a consolidar sus conocimientos y a identificar aquellas áreas en las que podría necesitar repasar. El mundo de las criptomonedas es amplio y está en constante evolución, por lo que siempre hay algo nuevo que aprender.

A medida que continúe su exploración, tenga en cuenta las oportunidades y los retos que conlleva esta tecnología innovadora. La clave es mantener la curiosidad y una mente abierta, y estar dispuesto a adaptarse a los nuevos avances y conocimientos.

Sepa que no está solo en este proceso de aprendizaje. Innumerables personas están siguiendo caminos similares, explorando el potencial de las monedas digitales y la tecnología blockchain. Al conectarse con otras personas y participar en la educación continua, puede construir una base sólida de conocimientos y confianza. Aproveche la emoción y las posibilidades que conlleva la comprensión de las criptomonedas. Deje que esto sea el comienzo de una gratificante aventura en el mundo digital.

CAPÍTULO 2

ELEGIR Y PROTEGER SU BILLETERA

IMAGINA QUE ENTRAS en la cámara acorazada de un banco llena de lingotes de oro que representan el dinero que tanto te ha costado ganar, excepto que esta cámara acorazada existe digitalmente y tú tienes la llave. Así es una billetera de criptomonedas: su cámara acorazada personal en el vasto mundo digital. Elegir la billetera adecuada es fundamental, ya que determina la seguridad con la que puede almacenar y acceder a sus activos digitales. Comprender los diferentes tipos de billeteras es esencial.

Analicemos las opciones disponibles y determinemos cuál podría ser la más adecuada para usted.

En lo que respecta a las billeteras de criptomonedas, existen varias opciones, cada una con sus ventajas y desventajas. En primer lugar, están **las billeteras de hardware**, también conocidas como billeteras frías. Se trata de dispositivos físicos, similares a las memorias USB, que almacenan las criptomonedas sin conexión a Internet. Son increíblemente seguras porque, justamente, no están conectadas a Internet, lo que las hace resistentes a los piratas informáticos y los ciberataques. Sin embargo, pueden resultar menos prácticas para transacciones frecuentes, ya que es necesario conectarlas a un ordenador para acceder a los fondos. Estas billeteras suelen recomendarse para el almacenamiento a largo plazo, donde la seguridad prima sobre la comodidad. Tienen un coste, ya que es necesario comprar el hardware, pero la tranquilidad que ofrecen puede merecer la inversión. Las billeteras de hardware más populares y utilizadas en la actualidad son Ledger Nano S, Ledger Nano X y Trezor.

Luego tenemos las **billeteras de software**, también llamadas billeteras de almacenamiento caliente. Puedes instalar estas aplicaciones en tu ordenador o smartphone o acceder a ellas a través de un navegador web. Son más accesibles que las billeteras de hardware, ya que permiten gestionar tus fondos desde su dispositivo. Las billeteras de software equilibran la seguridad y la comodidad, especialmente para aquellos que comercializan o realizan transacciones con frecuencia. Ofrecen características como interfaces fáciles de usar e integración con exchanges para un comercio fluido. Sin embargo, son más vulnerables a las amenazas cibernéticas, ya que están conectadas a Internet. Por eso, es esencial mantener el dispositivo seguro y actualizar regularmente el software de la billetera para mitigar estos riesgos. Las billeteras de software más populares en la actualidad son Exodus, Electrum y Coinomi. Suelen ser gratuitas, lo que las convierte en una opción atractiva para los principiantes.

Las billeteras móviles, como Trust Wallet y Mycelium, aportan la comodidad de la gestión de criptomonedas a su teléfono móvil. Son perfectas para quienes desean realizar transacciones sobre la marcha.

Las billeteras móviles ofrecen facilidad de uso y portabilidad, al igual que una billetera digital que llevas en el bolsillo. Son ideales para manejar pequeñas cantidades de criptomonedas, ya que proporcionan una forma sencilla de enviar y recibir fondos. Sin embargo, la seguridad de las billeteras móviles depende de la seguridad de su teléfono móvil. Para proteger sus activos, es fundamental utilizar contraseñas seguras, habilitar la autenticación de dos factores y tener cuidado al descargar aplicaciones de fuentes desconocidas.

La elección de la billetera adecuada depende de sus necesidades específicas y de cómo planee utilizar sus criptomonedas. Si realiza transacciones frecuentes o necesita acceder rápidamente a sus fondos, una billetera de software o móvil podría ser la más adecuada. Para aquellos que buscan almacenar su inversión de forma segura a largo plazo, las billeteras de hardware ofrecen una seguridad sin igual. Además, existen soluciones híbridas que combinan las ventajas del almacenamiento en caliente y en frío. Algunas billeteras de hardware ahora vienen con aplicaciones móviles, lo que le permite acceder a sus fondos cómodamente mientras mantiene la seguridad del almacenamiento en frío.

Trust Wallet y Exodus son buenas opciones para principiantes. Estas billeteras son conocidas por su facilidad de uso y fiabilidad, lo que las hace ideales para los recién llegados. Trust Wallet ofrece una interfaz sencilla y es compatible con una amplia gama de criptomonedas. Exodus proporciona una excelente atención al cliente y un diseño fácil de usar, con la ventaja añadida de la compatibilidad con ordenadores de sobremesa. Ambas opciones proporcionan una base sólida para gestionar sus activos digitales con confianza.

Sección de reflexión: determine su tipo de billetera

Reflexiona sobre cómo piensa utilizar sus criptomonedas. ¿Es un operador frecuente o un inversor a largo plazo? Tenga en cuenta su nivel de conocimientos técnicos y comodidad con la gestión de la seguridad digital. Anote dos o tres situaciones en las que utilizaría su criptomoneda y seleccione el tipo de billetera que mejor se adapte a cada situación. Este ejercicio le ayudará a aclarar sus necesidades y a tomar una decisión informada.

2.1 Configuración paso a paso de la billetera para principiantes

A primera vista, configurar su primera billetera de criptomonedas puede parecer abrumador, pero con un enfoque sistemático, puede ponerla en marcha sin problemas. El primer paso es descargar e instalar el software o la aplicación de la billetera. Asegúrese de descargarla desde el sitio web oficial o la tienda de aplicaciones para evitar versiones falsas que podrían comprometer su seguridad. En el caso de una billetera de hardware, cómprela a un fabricante fiable, conéctela a su ordenador y siga las instrucciones de configuración. Para evitar problemas de conectividad durante la configuración, es fundamental asegurarse de que el software de la billetera sea compatible con su dispositivo, ya sea un ordenador o un teléfono móvil.

Abra la aplicación de la billetera o conecte su billetera de hardware a su ordenador. La mayoría de las billeteras le guiarán a través del proceso con indicaciones. Si se le solicita, seleccione la opción «crear una nueva billetera». La billetera generará una dirección pública (su ID de billetera) y una clave privada (la clave de seguridad de su billetera). Siga las instrucciones para crear su cuenta y establecer una contraseña segura. Esta contraseña será su primera capa de seguridad, así que elija una que no sea fácil de adivinar. No utilice su nombre, fecha de nacimiento, nombres de sus hijos, etc. Anótela guárdela en un lugar seguro o gestor de contraseñas.

A continuación, debe gestionar la frase de recuperación, a menudo denominada «frase semilla». Esta serie de palabras sirve como copia de seguridad para acceder a su billetera, y suele incluir entre 12 y 24 palabras. Es como una llave maestra, y perderla significa perder el acceso a sus fondos. Dada su importancia, es fundamental almacenar la frase de recuperación de forma segura. Considere métodos como anotarla y guardarla en un lugar seguro o utilizar una solución de copia de seguridad digital segura. Evite almacenarla en dispositivos conectados a Internet para impedir el acceso no autorizado, y no olvide que cualquier persona que tenga acceso a esta frase puede hacerse con el control de su billetera.

Configurar los ajustes y copias de seguridad es fundamental para proteger sus activos digitales. Muchas billeteras ofrecen autenticación de dos factores, lo que añade una capa adicional de seguridad. Active esta función para mejorar la protección de su billetera. Haga copias de seguridad periódicas de los datos y guarde una copia de su frase de recuperación en varios lugares seguros.

Las ayudas visuales pueden ser útiles durante el proceso de configuración. Los vídeos, las capturas de pantalla y los diagramas de flujo de configuración pueden guiarle a través de cada paso, proporcionándole una referencia visual que simplifica las instrucciones complejas. Muchos proveedores de billeteras ofrecen estos recursos en sus sitios web oficiales, así que aprovéchelos. Comprender las características y la configuración de su billetera es clave para gestionarla de forma eficaz. Familiarícese con la configuración de seguridad, las comisiones por transacción y los límites. Ajuste esta configuración a sus necesidades, equilibrando la seguridad con la comodidad.

El último paso es transferir criptomonedas a su billetera. Utilice códigos QR para realizar transferencias sin problemas, eliminando el riesgo de errores en la dirección de la transacción. Antes de enviar fondos, compruebe dos veces las direcciones para asegurarse de que son correctas. Las direcciones incorrectas pueden provocar la pérdida irreversible de fondos.

Establezca las comisiones por transacción para obtener una velocidad óptima, equilibrando el coste con la urgencia de su transacción. Algunas billeteras ofrecen opciones para dar prioridad a la velocidad sobre el coste, lo que puede ser útil durante las horas pico de la red. Las comisiones por transacción de criptomonedas se ven afectadas por factores como la congestión de la red, el tamaño de la transacción y la criptomoneda utilizada. Bitcoin, Ethereum y otras criptomonedas importantes tienen comisiones dinámicas, que pueden aumentar en momentos de alto uso.

Para minimizar las comisiones por transacción:

1. Elija el momento adecuado: intente enviar las transacciones durante las horas de menor congestión de la red (por ejemplo, los fines de semana u horas no pico).
2. Utilice soluciones de capa 2: las redes de capa 2, como Polygon para Ethereum o Lightning Network para Bitcoin, ofrecen transacciones más rápidas y económicas.
3. Ajuste su tarifa de transacción: algunas billeteras le permiten ajustar manualmente sus tarifas de transacción. Reducir la tarifa puede retrasar su transacción, pero podría ahorrarle dinero en tarifas.
4. Utilice blockchains con comisiones más bajas como XRP, Litecoin o Cardono.

2.2 Proteger su billetera digital contra amenazas

Manejar su criptomoneda es como guardar un cofre del tesoro lleno de objetos de valor: es fundamental asegurarse de que esté protegido de miradas indiscretas. Aunque proteger su billetera puede parecer complejo al principio, una combinación bien pensada de herramientas, hábitos y concientización puede reducir significativamente el riesgo.

1. Refuerce la seguridad de su inicio de sesión

La primera capa de protección comienza con sus credenciales:

- Utilice **contraseñas seguras y únicas** para cada cuenta relacionada con las criptomonedas. Piense en ellas como la llave de su cofre: fáciles de recordar para usted, pero casi imposibles de adivinar para los demás.
- Evite reutilizar contraseñas en diferentes plataformas, ya que una brecha en una de ellas podría poner en peligro las demás.
- Un **gestor de contraseñas** puede ayudarle a generar y almacenar contraseñas complejas de forma segura.
- Habilite **la 2FA (Two-Factor Authentication) o «autenticación de dos factores»** para añadir una capa adicional de defensa.

Con la 2FA, incluso si alguien consigue su contraseña no podrá acceder a su billetera sin una segunda forma de verificación, normalmente un código enviado a su teléfono o correo electrónico.

2. Manténgase alerta ante las amenazas comunes

La concientización es su primera línea de defensa contra las amenazas digitales más comunes.

- **Las estafas de phishing** suelen presentarse en forma de correos electrónicos o sitios web falsos diseñados para robar sus datos de inicio de sesión. Verifique siempre las URL de los sitios web en busca de errores ortográficos sutiles o dominios extraños, y evite hacer clic en enlaces sospechosos.
- **El malware y el spyware** pueden infectar silenciosamente sus dispositivos y recopilar datos confidenciales. Mantenga sus dispositivos seguros **actualizando** regularmente **el software** y utilizando **programas antivirus de confianza**.

3. Elija el tipo de billetera adecuado

La elección de la billetera desempeña un papel crucial en la seguridad general.

- **Las billeteras de hardware** y otras **soluciones de almacenamiento en frío** guardan sus claves privadas sin conexión, lo que las mantiene a salvo de los ataques online. Son ideales para los titulares a largo plazo o para quienes gestionan cantidades importantes de criptomonedas.
- Considere la posibilidad de utilizar **billeteras con múltiples firmas** para añadir una capa adicional de protección. Estas requieren múltiples aprobaciones para completar una transacción, como si se tratara de varias llaves para abrir una caja fuerte.

4. Mantenga y supervise su seguridad

La seguridad no es una tarea puntual, sino un proceso continuo:

- **Actualice** periódicamente **el software de su billetera** para corregir vulnerabilidades y protegerse contra amenazas emergentes. Los desarrolladores lanzan actualizaciones con frecuencia para mejorar la seguridad.
- Realice **comprobaciones de seguridad rutinarias**: supervise la actividad de la cuenta, audite su configuración y verifique que las funciones de seguridad siguen activas y son eficaces.
- **Tenga cuidado con las billeteras online**: comprenda los mayores riesgos asociados al uso de billeteras online, ya que son más vulnerables a los ataques de phishing.
- Manténgase informado sobre la evolución de las amenazas a la ciberseguridad y las mejores prácticas para ir un paso por delante.

5. Programe copias de seguridad periódicas

- Actualice y haga copias de seguridad de los datos de su billetera con frecuencia.
- Guarde copias de su frase de recuperación en varios lugares seguros para protegerse contra pérdidas o daños.

Con una base sólida de medidas de protección y hábitos constantes, puede reducir significativamente los riesgos asociados con la gestión de activos digitales y mantener su criptomoneda a salvo de miradas indiscretas.

2.3 Solución de problemas comunes de las billeteras

Navegar por el mundo de las billeteras de criptomonedas a veces puede parecer como navegar por un laberinto. Uno de los problemas más comunes a los que se enfrentan los usuarios es la pérdida de acceso debido a **contraseñas olvidadas o frases semilla extraviadas**.

Sin ellas, acceder a sus fondos se vuelve casi imposible. Muchas billeteras ofrecen opciones de recuperación de contraseñas, pero suelen requerir la frase semilla. Asegúrese de que su correo electrónico esté vinculado a su billetera, ya que algunos proveedores pueden permitirle restablecer su contraseña mediante la verificación del correo electrónico. Familiarícese siempre con los procesos de recuperación específicos de su proveedor de billeteras, ya que podrían diferir unos de otros.

Una vez que seleccione una billetera, tómese su tiempo para comprender las opciones de recuperación disponibles en caso de que pierda su contraseña o frase semilla. Este enfoque proactivo puede ayudarle a prepararse para posibles pérdidas.

Los errores en las transacciones también pueden entorpecer sus operaciones con criptomonedas. Imagine que envía dinero y que nunca llega o que se queda atascado en el limbo. A veces esto puede ocurrir debido a la congestión de la red o a comisiones de transacción incorrectas. Si su transacción queda en suspenso, compruebe que ha establecido la comisión adecuada. A veces, aumentarla puede acelerar el proceso. Confirme siempre que esté utilizando la dirección correcta de la billetera. Un solo error tipográfico puede enviar sus fondos a una ubicación desconocida, y, lamentablemente, en esos casos no hay recuperación posible. Para problemas de procesamiento, consulte el historial de transacciones de su billetera y sitios como Blockchain.com o Etherscan para realizar un seguimiento del estado. Esto ayuda a identificar el problema exacto y determinar si es necesario tomar medidas adicionales.

Para aquellos problemas persistentes que parecen estar más allá de sus habilidades de resolución de problemas, no hay que avergonzarse de pedir ayuda. Los foros oficiales de soporte técnico de las billeteras son un tesoro de información, ya que a menudo ofrecen soluciones a problemas similares a los que han enfrentado otros usuarios. Estas plataformas le conectan tanto con el equipo de soporte técnico de la billetera como con una comunidad de usuarios que probablemente hayan enfrentado los mismos obstáculos. Las guías de usuario y los foros de debate de la comunidad también pueden ser muy valiosos, ya que suelen contener consejos prácticos y experiencias personales que pueden guiarle hacia una solución.

La mayoría de los problemas con las billeteras de criptomonedas se pueden evitar protegiendo las claves privadas, manteniendo las billeteras actualizadas y comprobando dos veces las transacciones antes de enviarlas. Para evitar pérdidas irreversibles, utilice siempre aplicaciones oficiales de billeteras, active las funciones de seguridad y almacene las frases semilla de forma segura en varias ubicaciones.

Haga copias de seguridad de su billetera con regularidad, para asegurarse de que puede recuperar el acceso incluso si su dispositivo falla o se pierde. De este modo, se asegurará de que su copia de seguridad esté siempre actualizada y pueda confiar en ella en caso de emergencia.

A nadie le gusta pensar en los problemas, pero tener un plan preparado marca la diferencia. Es fácil descuidar esto cuando todo funciona bien, pero la vigilancia es fundamental. Si se mantiene proactivo, podrá sortear fácilmente los problemas de la billetera y mantener sus activos digitales sanos y salvos.

2.4 Cuestionario sobre billeteras: pon a prueba tus conocimientos

Al concluir este capítulo sobre cómo elegir y proteger su billetera de criptomonedas, es hora de poner a prueba sus nuevos conocimientos. Ha aprendido mucho sobre los diferentes tipos de billeteras, cómo configurarlas y cómo mantenerlas seguras. Ahora, veamos cuánto recuerda con este breve cuestionario. No se trata solo de poner a prueba sus conocimientos, sino de reforzar estos conceptos fundamentales. Considere cada pregunta detenidamente y recuerde: comprender estos conceptos básicos es fundamental para gestionar con confianza sus activos digitales.

Verdadero o falso

1. Una billetera de hardware siempre está conectada a Internet, lo que la hace menos segura que una billetera de software. (Verdadero/Falso)

2. Usar una contraseña segura y habilitar la autenticación de dos factores son pasos opcionales que se pueden omitir si se realiza una copia de seguridad de la billetera con regularidad. (Verdadero / Falso)
3. Si pierdes tu frase de recuperación, aún puedes acceder a tu billetera si recuerdas tu contraseña. (Verdadero / Falso)
4. Los ataques de phishing se pueden evitar descargando el software de la billetera únicamente desde sitios web oficiales. (Verdadero / Falso)

Preguntas de opción múltiple

5. ¿Cuál de las siguientes es una característica de una billetera móvil?
   - A) Requiere conexión física a un ordenador
   - B) Es accesible desde cualquier lugar a través de un Smartphone
   - C) Almacena criptomonedas sin conexión
6. ¿Cuál es la principal ventaja de utilizar una solución de almacenamiento en frío?
   - A) Rápido procesamiento de transacciones
   - B) Mayor seguridad al mantener las claves offline
   - C) Acceso gratuito a todas las criptomonedas
7. ¿Qué debe verificar antes de iniciar una transacción?
   - A) El color de la interfaz de su billetera
   - B) La exactitud de la dirección de la billetera
   - C) La hora del día
8. Una billetera que combina características de almacenamiento en caliente y en frío se conoce como:
   - A) Billetera de papel
   - B) Billetera híbrida
   - C) Billetera móvil

Respuestas y explicaciones

1. Falso
Explicación: Las billeteras de hardware no están conectadas a Internet cuando no se utilizan, lo que las hace más seguras que las billeteras de software.

2. Falso
Explicación: Las contraseñas seguras y la autenticación de dos factores son medidas de seguridad cruciales que siempre deben implementarse.

3. Falso
Explicación: La frase de recuperación es crucial para acceder a su billetera si pierde su contraseña o dispositivo.

4. Verdadero
Explicación: Asegurarse de descargar software de fuentes fiables reduce el riesgo de ataques de phishing.

5. B) Accesible sobre la marcha a través del Smartphone.
Explicación: Las billeteras móviles permiten a los usuarios gestionar cómodamente las criptomonedas a través de sus teléfonos inteligentes.

6. B) Mayor seguridad al mantener las claves offline.
Explicación: Las soluciones de almacenamiento en frío proporcionan una mayor seguridad al mantener las claves privadas offline, lo que reduce los riesgos de piratería.

7. B) La precisión de la dirección de la billetera.
Explicación: Compruebe siempre dos veces la dirección de la billetera antes de enviar fondos para evitar pérdidas irreversibles.

8. B) Billetera híbrida.
Explicación: Las billeteras híbridas ofrecen una combinación de

funciones de almacenamiento en caliente y en frío para una mayor flexibilidad y seguridad.

Reflexiones finales

Los resultados del cuestionario son más que simples números; son una oportunidad para ver en qué aspectos destaca y en cuáles podría necesitar repasar más. Si algunas preguntas le han resultado difíciles, no se preocupe, todo ello forma parte del proceso de aprendizaje. Vuelva a las secciones que le han resultado complicadas y léalas de nuevo. Cuanto más se familiarice con estos conceptos, más cómodo se sentirá a la hora de tomar decisiones informadas sobre sus inversiones en criptomonedas.

Ahora que ya ha abordado los aspectos esenciales para elegir y proteger su billetera, está bien preparado para manejar los fundamentos de la gestión de criptomonedas. Con esta base, es el momento de explorar el amplio panorama de los exchanges de criptomonedas y las estrategias de negociación. Cada paso que dé se basa en el anterior, y antes de que se dé cuenta estará navegando por el mundo de los activos digitales con confianza y habilidad.

CAPÍTULO 3
EXPLORANDO LOS EXCHANGES DE CRIPTOMONEDAS

IMAGINE ESTO: está en un mercado bullicioso, rodeado de puestos que ofrecen todos los productos imaginables; pero en lugar de frutas y verduras, este mercado ofrece activos digitales: criptomonedas. Elegir el puesto adecuado, o en este caso, el exchange adecuado, puede marcar la diferencia en su experiencia comercial. Las plataformas de exchange de criptomonedas son el equivalente digital de estos puestos, ya que actúan como plataformas en las que se pueden comprar, vender y operar con diversas criptomonedas. Con cientos de plataformas de exchange disponibles, es esencial saber cómo elegir una que sea fiable y se adapte a sus necesidades. Este capítulo le guiará a través del laberinto de opciones, ayudándole a identificar los factores clave que debe tener en cuenta a la hora de seleccionar una.

A la hora de evaluar las plataformas de exchange de criptomonedas, el cumplimiento normativo es un factor crucial. Las plataformas que cumplen con la normativa suelen ser más fiables y ofrecen un nivel de protección para sus inversiones. A menudo están sujetas a auditorías y deben seguir directrices estrictas para garantizar la transparencia y la seguridad. Busque plataformas con licencia de organismos reguladores de renombre, lo que indica un compromiso de operar dentro de los marcos legales. Por ejemplo, la Red de Control de Delitos Financieros

(FinCEN) exige a las empresas de criptomonedas que se dedican a la transferencia de dinero, incluidas las plataformas de exchange, que se registren como empresas de servicios monetarios (MSB). Este registro garantiza el cumplimiento de las leyes contra el blanqueo de capitales (Anti-Money Laundering, AML) y de conocimiento del cliente (KYC). Las consideraciones normativas, incluidos los recursos y los sitios web de los organismos reguladores, se tratarán en detalle en un capítulo posterior.

Las medidas de seguridad son otro factor crítico a tener en cuenta. Las plataformas de exchange fiables emplean protocolos de seguridad robustos, como el cifrado SSL y la autenticación de dos factores, para proteger la información y los fondos de los usuarios frente a las amenazas cibernéticas. Una buena reputación, respaldada por opiniones positivas de los usuarios, también puede ser un buen indicador de la fiabilidad y la calidad del servicio de una plataforma de exchange.

Antes de lanzarse al trading, es fundamental realizar una investigación exhaustiva, que incluya la comprobación de cualquier historial de violaciones de seguridad, ya que los incidentes pasados pueden indicar posibles vulnerabilidades. También es importante evaluar la estabilidad financiera de una plataforma de exchange, ya que las plataformas financieramente sólidas son menos propensas a sufrir interrupciones o insolvencia. Tómese el tiempo necesario para leer las experiencias de los usuarios y las opiniones de los expertos para hacerse una idea de cómo funciona la plataforma y cómo trata a sus clientes. Esta diligencia debida le ayudará a evitar caer en la trampa de plataformas poco fiables, en las que el riesgo de perder fondos o sufrir violaciones de datos es elevado.

Decidir entre exchanges centralizados y descentralizados puede ser como elegir entre una visita guiada y una aventura en solitario. **Los exchanges centralizados**, como Binance y Coinbase, actúan como intermediarios entre compradores y vendedores, ofreciendo interfaces fáciles de usar, mayor liquidez y atención al cliente. Ellos guardan sus claves privadas, lo que significa que usted les confía sus fondos. Aunque ofrecen comodidad y una amplia gama de criptomonedas, también tienen posibles inconvenientes, como vulnerabilidades de seguridad y supervisión regulatoria.

Por otro lado, **las plataformas descentralizadas** como Uniswap funcionan con tecnología blockchain, lo que permite realizar transacciones entre pares sin intermediarios. Ofrecen mayor privacidad y control sobre sus activos, pero tienen menor liquidez y una curva de aprendizaje más pronunciada para los principiantes.

Varias plataformas de exchange se han ganado una sólida reputación por su fiabilidad y seguridad. Coinbase suele recomendarse para principiantes debido a su interfaz intuitiva y sus sólidas medidas de seguridad. Es un excelente punto de partida para quienes se inician en el comercio de criptomonedas. Binance ofrece una amplia selección de monedas y funciones para los operadores más experimentados, lo que la convierte en una opción popular para quienes desean explorar una amplia gama de activos digitales. Kraken es conocida por sus funciones avanzadas y su sólida seguridad, lo que la hace atractiva para los operadores que necesitan herramientas y opciones más sofisticadas.

Las funciones de seguridad son fundamentales a la hora de seleccionar un exchange. La autenticación de dos factores es imprescindible, ya que añade una capa adicional de protección a su cuenta. Algunas plataformas de exchange también ofrecen pólizas de seguro para activos digitales, lo que proporciona una tranquilidad adicional en caso de incidentes imprevistos.

Una interfaz fácil de usar puede influir significativamente en su experiencia de trading. Las plataformas con una navegación intuitiva y disponibilidad de aplicaciones móviles facilitan la gestión de sus operaciones y el seguimiento de su billetera.

La liquidez y el volumen de operaciones también son factores importantes a tener en cuenta, ya que las plataformas con alta liquidez facilitan operaciones más fluidas y mejores precios. Los altos volúmenes diarios de operaciones suelen indicar una fuerte liquidez, lo que puede influir en la velocidad y la eficiencia de la ejecución de las órdenes.

3.1 La importancia de los procesos de KYC y verificación

Al navegar por el mundo de las plataformas de exchange de criptomonedas, inevitablemente se encontrará con el término KYC (del inglés, *Know Your Client)*, que significa «conozca a su cliente». Es más que una simple palabra de moda; es un elemento fundamental de este ecosistema. En esencia, KYC consiste en verificar la identidad de los usuarios. Este proceso es crucial para mantener la integridad y la seguridad de las bolsas. Al verificar las identidades, los exchanges pueden ayudar a prevenir actividades fraudulentas, como el blanqueo de capitales y otras prácticas ilícitas. Es como mostrar su documento de identidad al abrir una cuenta bancaria. Esta verificación forma parte de un compromiso más amplio con el cumplimiento de la normativa contra el blanqueo de capitales (AML). Las medidas AML son fundamentales para que los exchanges cumplan con los requisitos legales y para protegerlos de su uso con fines delictivos. Las ventajas de KYC son evidentes: mayor seguridad, mayor fiabilidad y un entorno más seguro para todos los involucrados.

El proceso KYC requiere que proporcione documentación específica. Debe presentar un documento de identidad emitido por el gobierno, como un permiso de conducir o un pasaporte, como prueba de identidad. En algunos casos, las plataformas de exchange también pueden solicitar una prueba de domicilio, como una factura de servicios públicos o un extracto bancario. Esta información ayuda a las plataformas de exchange a confirmar que usted es quien dice ser. Una vez que haya reunido sus documentos, los subirá directamente a la plataforma de exchange. A continuación, esta plataforma verificará su identidad y dirección a través de sus procesos internos. El plazo de verificación puede variar desde unas pocas horas hasta un par de días, dependiendo de la plataforma y del volumen de solicitudes que reciba. A veces, los documentos son rechazados porque han caducado, no están claros o no cumplen los criterios de la plataforma. En tales casos, debe volver a enviar la documentación requerida tal y como se especifica.

Una preocupación habitual con respecto al KYC es la privacidad. Muchos usuarios se preocupan por cómo se gestionarán y almacenarán sus datos personales. Se trata de una preocupación legítima, por lo que es esencial elegir plataformas de exchange con políticas de privacidad sólidas. Las plataformas de exchange de buena reputación emplean técnicas avanzadas de cifrado de datos para proteger su información personal del acceso no autorizado. También cuentan con estrictas prácticas de almacenamiento de datos para garantizar la seguridad de su información. Además, los usuarios suelen tener derechos sobre sus datos, incluyendo el acceso, la corrección y la eliminación, dependiendo de la jurisdicción. Estos derechos le permiten gestionar su información personal y cómo se utiliza.

Aunque el KYC puede parecer un obstáculo, cumple una función fundamental en el panorama de las criptomonedas. Al verificar las identidades, las plataformas de exchange pueden crear un entorno comercial más seguro y fiable. Esto no solo beneficia a las propias plataformas, sino que también protege a los usuarios de los riesgos potenciales asociados al comercio anónimo. Con una sólida comprensión del KYC y su papel en el ecosistema de las criptomonedas, puede abordar con confianza el proceso de verificación, sabiendo que es un paso hacia una experiencia comercial más segura y transparente.

3.2 Comparación de las características y comisiones de las plataformas de exchange

Navegar por el diverso panorama de las plataformas de exchange de criptomonedas puede ser como maniobrar en un mercado abarrotado, con numerosos vendedores compitiendo por su atención. Puede resultar difícil distinguir las ventajas de una plataforma de exchange sobre otra. Cada una ofrece características únicas que pueden influir significativamente en su experiencia de negociación. Una interfaz fácil de usar es fundamental, ya que puede marcar la diferencia entre un proceso de negociación fluido e intuitivo y uno confuso y frustrante. Busque exchanges que prioricen la facilidad de uso, que ofrezcan diseños claros y una navegación accesible para ayudarle a ejecutar operaciones de manera eficiente. La gama de criptomonedas admitidas es otra consideración clave. Algunos exchanges ofrecen una amplia gama de activos digitales, lo que le da la flexibilidad de diversificar su billetera con monedas establecidas y altcoins prometedoras.

Además, tenga en cuenta los pares de negociación disponibles y la liquidez. Los pares de negociación se refieren a dos activos digitales diferentes que se pueden intercambiar en una plataforma de trading donde los operadores pueden cambiar una criptomoneda por otra. Una plataforma con alta liquidez le garantiza que puede comprar o vender activos rápidamente sin afectar significativamente al precio de mercado, ya que los valores pueden fluctuar considerablemente en poco tiempo. Esto es fundamental para los operadores activos que buscan sacar provecho de los movimientos del mercado. Las bolsas grandes y conocidas (por ejemplo, Binance y Coinbase) tienen más liquidez que las plataformas más pequeñas. Cuanto mayor sea el volumen diario de operaciones, más líquido será el activo. Explorar estos aspectos puede ayudarle a elegir un exchange que se ajuste a sus necesidades y objetivos de trading.

Es fundamental comprender las estructuras de comisiones de las plataformas de exchange de criptomonedas. Cada plataforma tiene su propio conjunto de comisiones, que pueden acumularse rápidamente y afectar a su rentabilidad general. Existen diversas comisiones por el trading de criptomonedas, entre las que se incluyen las comisiones por exchange, retirada y depósito, red y diferencial.

Las comisiones por trading (comisiones de exchange) son las más comunes y suelen presentarse en dos formas: comisiones de creador y de tomador. **Las comisiones de creador** se cobran al realizar una orden limitada que añade liquidez al mercado. La orden es para comprar o vender a un precio específico y no se ejecuta de forma inmediata. Por otro lado, **las comisiones de tomador** se imponen a los traders que realizan órdenes que se ejecutan inmediatamente al precio de mercado. Los tomadores eliminan liquidez porque la transacción es inmediata. Ambos incurren en comisiones diferentes, y es esencial comprender cómo estas afectarán a sus operaciones.

Las comisiones por depósito y retirada son otra consideración. Algunos exchanges cobran un porcentaje o una comisión fija por mover fondos dentro y fuera. Si planea operar con frecuencia, estas comisiones pueden afectar sus ganancias. Además, a veces cobran **comisiones por inactividad** para penalizar a las cuentas que permanecen inactivas durante períodos prolongados. Por lo tanto, si es un titular a largo plazo, asegúrese de que no le pillen desprevenido con cargos inesperados. Si tiene en cuenta estos costes, podrá tomar decisiones informadas que maximicen sus rendimientos.

Las comisiones pueden determinar el éxito o el fracaso de su estrategia de trading, especialmente si opera con márgenes ajustados. En el caso de las operaciones a corto plazo, en las que los beneficios pueden ser escasos, las comisiones elevadas pueden erosionar significativamente sus ganancias. Los inversores a largo plazo pueden sentir menos el impacto, pero sigue siendo fundamental estar atento a los gastos. Para minimizar los costes de las comisiones, considere estrategias como la consolidación de operaciones para reducir la frecuencia de las transacciones o la elección de exchanges con estructuras de comisiones más favorables. Algunos exchanges ofrecen descuentos en las comisiones por mantener sus tokens nativos o participar en programas de fidelidad, lo que podría marcar la diferencia con el tiempo. A la hora de seleccionar un exchange, adáptelo a sus objetivos de trading, tanto si es un operador frecuente como si es un inversor que compra y mantiene, asegurándose de que la estructura de comisiones se ajusta a su enfoque.

Seleccionar el exchange adecuado no es una decisión única para todos. Tenga en cuenta la frecuencia con la que piensa operar y los activos específicos que le interesan. Un exchange con una amplia gama de criptomonedas puede ser más atractivo si le interesa explorar nuevas monedas alternativas. Para aquellos que operan con frecuencia, es mejor priorizar las bolsas con comisiones bajas y alta liquidez para mejorar la eficiencia. Aproveche los sitios web de comparación de plataformas online para evaluar las características y las comisiones de cada una. Estos recursos pueden proporcionar información valiosa sobre las ofertas de cada plataforma, lo que le permitirá sopesar sus pros y sus contras de forma eficaz.

Los foros de usuarios y las plataformas de reseñas también son útiles, ya que ofrecen testimonios de primera mano de las experiencias de otros operadores para guiarle en su elección.

Encontrar la plataforma adecuada implica sopesar muchos factores, pero con una cuidadosa consideración y la información correcta, puede elegir una plataforma que complemente su estilo y sus objetivos de trading. Al explorar diferentes opciones y comprender las complejidades de las comisiones y las características, puede mejorar su experiencia y aumentar sus posibilidades de éxito en el dinámico mundo de las criptomonedas.

3.3 Cómo evitar las estafas en las plataformas de exchange: señales de alerta a tener en cuenta

Imagina que paseas por un mercado online lleno de promesas de riquezas fáciles y beneficios garantizados. Las plataformas de exchange fraudulentas acechan en este bullicioso espacio digital, esperando para engañar a los incautos. Las páginas web de exchange falsas suelen imitar el aspecto de las plataformas legítimas, con logotipos falsos y diseños profesionales; incluso pueden utilizar nombres de dominio muy similares a los de las plataformas de exchange de renombre, con la esperanza de engañarle para que introduzca sus datos de inicio de sesión. Una vez que lo haga, podrán acceder a su información personal o, lo que es peor, a sus fondos ganados con tanto esfuerzo.

Los correos electrónicos y mensajes de phishing son otra táctica común. Estas comunicaciones pueden instarle a hacer clic en un enlace para «verificar su cuenta» o «reclamar una recompensa», pero solo le llevarán a un sitio dañino diseñado para robar su información confidencial.

A medida que navega por este panorama, ciertas señales de alerta pueden ayudarle a detectar posibles estafas. Desconfíe de las plataformas de exchange que hacen promesas poco realistas de altos rendimientos con bajo riesgo o nulo. Como dice el refrán, «si algo parece demasiado bueno para ser verdad, probablemente no lo sea».

La falta de transparencia en la información de la empresa es otra señal de alerta. Las plataformas legítimas proporcionarán detalles sobre su equipo, ubicación y situación regulatoria. Si le cuesta encontrar esta información, proceda con cautela. Del mismo modo, las plataformas que son vagas sobre sus tarifas y políticas pueden estar ocultando algo. Busque siempre plataformas que sean transparentes sobre sus detalles operativos, ya que la opacidad a menudo puede indicar intenciones dudosas.

Para protegerse, es fundamental verificar la legitimidad de una plataforma de exchange. Empiece por comprobar las certificaciones normativas, que pueden dar credibilidad a una plataforma. La mayoría de las plataformas de exchange de buena reputación muestran con orgullo sus certificaciones y afiliaciones. Además, verifique la autenticidad del dominio. Los estafadores suelen crear sitios web con direcciones URL similares a las de plataformas de exchange conocidas, así que preste atención a cualquier pequeña discrepancia.

Revisar los comentarios de los clientes también es muy valioso. Busque opiniones de otros usuarios, especialmente en plataformas independientes, para evaluar sus experiencias e identificar posibles problemas. Este paso puede proporcionarle información sobre la fiabilidad y la reputación de una plataforma de exchange, lo que le guiará hacia opciones más seguras.

Los ejemplos reales de estafas en plataformas de exchange sirven como advertencia. El colapso de Mt. Gox, que en su día fue la mayor plataforma de exchange de bitcoins del mundo, provocó la pérdida de cientos de miles de bitcoins y puso de relieve el impacto catastrófico de los fallos de seguridad. Del mismo modo, Bitconnect, un conocido esquema Ponzi, prometía rendimientos increíbles a través de un programa de préstamos, pero acabó colapsando y dejando a los inversores con pérdidas significativas. Estos casos subrayan la importancia de la diligencia debida y la vigilancia a la hora de elegir una plataforma de exchange. Nos recuerdan que incluso las plataformas aparentemente exitosas pueden ser vulnerables a la mala gestión o a las intenciones maliciosas, lo que puede tener consecuencias devastadoras para los usuarios.

A medida que continúe explorando el mundo de las plataformas de exchange de criptomonedas, tenga en cuenta estos consejos de precaución. Si se mantiene informado y atento a las señales de alerta, puede reducir significativamente el riesgo de ser víctima de estafas fraudulentas. Recuerde, el conocimiento es su mejor defensa.

3.4 Cuestionario sobre exchanges: ponga a prueba sus conocimientos

Ahora que hemos hablado de cómo navegar por el mundo de las plataformas de exchange de criptomonedas, es hora de poner a prueba sus conocimientos. Este cuestionario refuerza lo que ha aprendido y destaca las áreas que tal vez desee revisar. Considérelo un desafío amistoso en lugar de una prueba intimidante. Cubriremos varios aspectos de las plataformas de exchange, centrándonos en algunos de los temas críticos que hemos explorado.

Verdadero o falso

1. Los exchanges centralizados están gestionados por autoridades centrales, mientras que los exchanges descentralizados permiten transacciones entre pares sin intermediarios. (Verdadero / Falso)
2. La autenticación de dos factores es una medida de seguridad opcional que no mejora significativamente la seguridad de tu cuenta. (Verdadero / Falso)
3. Un exchange que garantiza altos rendimientos sin riesgo es probablemente legítimo. (Verdadero / Falso)

Preguntas de opción múltiple

4. ¿Qué tipo de exchange suele ofrecer mayor liquidez e interfaces fáciles de usar?
    - A) Las plataformas centralizadas
    - B) Exchanges descentralizados
    - C) Ambos ofrecen experiencias similares

5. ¿Cuál de las siguientes es una característica de seguridad común que ofrecen los exchanges de buena reputación?
   - A) Cambios diarios de contraseña
   - B) Pólizas de seguro para activos digitales
   - C) Comisiones de negociación gratuitas
6. ¿Cuál de las siguientes comisiones se cobra normalmente cuando se opera en un exchange?
   - A) Comisiones por retirada
   - B) Comisiones de creador/tomador
   - C) Comisiones de suscripción mensual
7. ¿Qué debe hacer si un exchange carece de transparencia sobre su equipo y su ubicación?
   - A) Proceder con cautela y realizar más investigaciones
   - B) Confiar en la plataforma basándose en el diseño de su sitio web
   - C) Ignorar estos detalles, ya que son irrelevantes
8. ¿Cuál de las siguientes es una táctica común utilizada por las plataformas fraudulentas?
   - A) Ofrecer recursos educativos
   - B) Envío de correos electrónicos y mensajes de phishing
   - C) Alojar foros comunitarios

Respuestas y explicaciones

1. Verdadero
Explicación: Las plataformas de exchange centralizadas cuentan con una autoridad central que gestiona las operaciones y suelen exigir a los usuarios que cumplan con normativas como la KYC. Las plataformas de exchange descentralizadas funcionan con tecnología blockchain, lo que permite a los usuarios realizar transacciones directamente sin intermediarios.

2. Falso
Explicación: La autenticación de dos factores añade una capa adicional de seguridad al requerir una segunda forma de verificación, lo que dificulta mucho más el acceso a su cuenta por parte de usuarios no autorizados.

3. Falso
Explicación: Cualquier plataforma que prometa altos rendimientos garantizados sin riesgo alguno es probablemente una estafa.

4. A) Exchanges centralizados
Explicación: Estas plataformas suelen disponer de más recursos para respaldar la liquidez y mejorar la experiencia del usuario, lo que las hace más accesibles para los recién llegados.

5. B) Pólizas de seguro para activos digitales
Explicación: Algunos exchanges ofrecen seguros para proteger contra pérdidas debido a incidentes imprevistos, lo que proporciona una mayor tranquilidad.

6. B) Comisiones de creador / tomador.
Explicación: Estas comisiones se aplican cuando se realizan órdenes en la plataforma, ya que los creadores añaden liquidez y los tomadores la eliminan.

7. A) Proceda con precaución y realice más investigaciones.
Explicación: La transparencia es fundamental, y su ausencia debe considerarse una señal de alerta.

8. B) Correos electrónicos y mensajes de phishing
Explicación: Los estafadores suelen utilizar tácticas de phishing para engañar a los usuarios y que revelen información confidencial.

Ha analizado las complejidades de los exchanges de criptomonedas y ha obtenido información sobre cómo funcionan y a qué debe prestar atención. Estas plataformas son puertas de entrada al apasionante mundo de los activos digitales, y comprender sus matices es fundamental para tomar decisiones informadas. A medida que avancemos, tenga en cuenta estas lecciones y continuemos nuestra exploración.

CAPÍTULO 4

DESARROLLO DE UN PLAN DE TRADING PERSONALIZADO

IMAGINE ZARPAR en mar abierto sin un mapa ni un destino en mente. El viaje puede ser emocionante al principio, pero sin una dirección corre el riesgo de ir a la deriva. Así es como se puede sentir el trading sin un plan: emocionante pero caótico. Establecer un plan de trading personalizado es su mapa: le proporciona estructura y un propósito, asegurando que cada decisión se alinee con sus objetivos financieros. Al establecer objetivos de inversión claros, puede trazar un rumbo que guíe sus actividades de trading y mida su éxito a lo largo del camino.

Tener objetivos de inversión específicos es crucial por varias razones. Sirven como brújula, guiando sus decisiones de trading y manteniéndole enfocado en medio del ruido y la volatilidad del mercado. Piense en sus objetivos como el ancla que le mantiene con los pies en la tierra, evitando decisiones impulsivas, ya sea por el entusiasmo o el miedo del mercado. Los objetivos de beneficios a corto plazo le ayudan a aprovechar las oportunidades, sacar partido de las condiciones favorables del mercado y asegurar ganancias inmediatas. Por otro lado, la acumulación de riqueza a largo plazo se centra en construir una billetera sólida, permitiendo que sus inversiones crezcan y se acumulen con el tiempo.

Ambos tipos de objetivos tienen su lugar, y tener una combinación de ambos puede proporcionar un enfoque equilibrado que se adapte a sus circunstancias particulares.

Establecer objetivos realistas y alcanzables requiere una cuidadosa consideración. Un método eficaz es utilizar los **criterios SMART** (del inglés, *Specific, Measurable, Achievable, Relevant, Time-bound*), que significa «específicos, medibles, alcanzables, relevantes y temporales»:

> ***S - Específico***: comience por identificar lo que quiere lograr, ya sea un
> porcentaje de beneficio o financiar una compra importante.
>
> ***M: Medible***. Asegúrese de que sus objetivos sean medibles para poder realizar un
> seguimiento de su progreso a lo largo del camino.
>
> ***A: Alcanzables***. También deben ser alcanzables en función de sus recursos actuales y condiciones del mercado, evitando objetivos demasiado ambiciosos que puedan llevar a la decepción. Establezca objetivos que sean realistas teniendo en cuenta sus recursos actuales, sus conocimientos y las condiciones del mercado. Los objetivos demasiado ambiciosos pueden llevar a la frustración.
>
> ***R – Relevantes***: asegúrese de que sus objetivos sean relevantes y estén en consonancia con sus objetivos financieros generales.
>
> ***T – Temporal***: establezca un plazo para crear urgencia y responsabilizarse. Este enfoque proporciona claridad y orientación. Al aplicar el marco SMART, les da estructura y orientación a sus objetivos, transformando aspiraciones vagas en un plan claro para el éxito.

Los objetivos de inversión pueden variar mucho, reflejando diversas motivaciones y resultados. Los objetivos **orientados al crecimiento** se centran en aumentar su capital mediante inversiones estratégicas, que a menudo implican activos de mayor riesgo con potencial de obtener rendimientos sustanciales. Este enfoque es adecuado para aquellos que están dispuestos a aceptar la volatilidad a cambio de la oportunidad de ampliar su patrimonio. Por otro lado, los objetivos **centrados en los ingresos** dan prioridad a la generación de rendimientos constantes, a menudo a través de dividendos o intereses, lo que proporciona un flujo constante de ingresos. Esta estrategia puede resultar atractiva para quienes buscan estabilidad financiera o complementar sus ingresos sin asumir un riesgo excesivo. Ambos tipos de objetivos son válidos, y su elección depende de su situación financiera, su tolerancia al riesgo y sus aspiraciones a largo plazo.

La reevaluación y el ajuste periódicos de los objetivos son fundamentales para mantener el rumbo. El mercado de las criptomonedas es dinámico y está influenciado por los cambios económicos, los cambios normativos y los avances tecnológicos. A medida que estos factores evolucionan, también deben hacerlo sus objetivos. Revise periódicamente sus objetivos para asegurarse de que siguen siendo relevantes y alcanzables, adaptándolos para reflejar las nuevas condiciones del mercado o sus hitos personales. Esta flexibilidad le permite mantenerse receptivo y resiliente, mejorando su capacidad para navegar por un panorama en constante cambio. Revisar sus objetivos también le brinda la oportunidad de celebrar sus logros, lo que aumenta su confianza y motivación.

Evaluar y perfeccionar su plan de trading es un proceso continuo. A medida que adquiera experiencia, podrá extraer valiosas conclusiones del análisis de operaciones pasadas. ¿Qué estrategias funcionaron bien y dónde encontró dificultades? Utilice estas reflexiones para identificar áreas de mejora y perfeccionar su enfoque. Incorpore nuevas herramientas y técnicas a medida que continúa aprendiendo, manteniéndose informado sobre las tendencias e innovaciones del mercado. Considere la posibilidad de establecer puntos de referencia de rendimiento que sirvan como hitos, lo que le ayudará a evaluar su progreso y ajustar sus estrategias en consecuencia. Mantener una mentalidad proactiva y adoptar la mejora continua puede optimizar su plan de trading para alcanzar el éxito.

Sección de reflexión: Definición de sus objetivos de inversión

Tómese un momento para reflexionar sobre sus aspiraciones financieras. ¿Qué quiere conseguir con el trading de criptomonedas? Anote dos objetivos a corto plazo y dos a largo plazo, asegurándose de que se ajustan a los criterios SMART. Considere cómo encajan estos objetivos en su panorama financiero general y cómo podrían evolucionar con el tiempo. Este ejercicio le ayudará a cristalizar sus objetivos y a sentar las bases para un viaje de trading centrado y exitoso.

4.1 Identificar su tolerancia al riesgo

La tolerancia al riesgo es un aspecto crucial del trading que a menudo se pasa por alto en el entusiasmo por entrar en el mercado de las criptomonedas. Es su capacidad y disposición para soportar los altibajos del valor de las inversiones, y desempeña un papel importante en la configuración de sus estrategias y decisiones de trading. Piense en la tolerancia al riesgo como el barómetro de la volatilidad que puede soportar. No se trata solo de números o pérdidas potenciales, sino también de su capacidad emocional para manejar las fluctuaciones. Su **capacidad de riesgo financiero** viene determinada por su situación financiera, es decir, cuánto puede permitirse perder sin que ello afecte a su estilo de vida, mientras que su **capacidad de riesgo emocional** se refiere a su capacidad para hacer frente al estrés de la incertidumbre. Juntos, estos componentes forman la columna vertebral de su **tolerancia al riesgo**, guiando los tipos de inversiones en las que participa y las estrategias que emplea.

Para comprender su tolerancia al riesgo personal, comience por reflexionar sobre su nivel de comodidad con las pérdidas potenciales. Considere la posibilidad de utilizar cuestionarios de evaluación de riesgos que le pregunten sobre sus reacciones ante las fluctuaciones del mercado, sus experiencias pasadas y sus preferencias de inversión. Estas herramientas pueden ayudarle a evaluar su posición en el espectro de riesgo. Otro enfoque consiste en analizar su comportamiento financiero histórico. Si tiene experiencia en inversiones, piense en cómo ha reaccionado ante los cambios del mercado o los retos de inversión en el pasado. Si ha invertido en el mercado de valores en el pasado, ¿entró en pánico y vendió, o se mantuvo tranquilo ante las fluctuaciones? Su comportamiento pasado puede ofrecer información valiosa sobre su tolerancia al riesgo. Este proceso de autorreflexión puede revelar si usted tiende naturalmente a tomar decisiones de mayor riesgo o más bien conservadoras, lo que le ayudará a adaptar su enfoque de inversión en consecuencia.

Su tolerancia al riesgo influye significativamente en la forma en que distribuye los activos de su billetera. Una tolerancia al riesgo conservadora podría llevarle a favorecer inversiones más estables y de menor riesgo, como las criptomonedas consolidadas, como Bitcoin o Ethereum. Estos activos tienden a tener menos volatilidad en comparación con las altcoins menos conocidas. Por el contrario, si tiene una alta tolerancia al riesgo, es posible que se incline más por explorar una asignación de activos agresiva que combine altcoins de alto potencial y tecnologías emergentes. Este enfoque puede ofrecer recompensas sustanciales, pero también conlleva un mayor riesgo. Comprender dónde se encuentra en este espectro le permite tomar decisiones informadas sobre qué activos incluir en su billetera, asegurándose de que sus inversiones se ajusten a su nivel de comodidad.

Es fundamental alinear su tolerancia al riesgo con sus objetivos financieros. Esto le ayudará a garantizar que los riesgos que asuma sean coherentes con los resultados que desea. Equilibrar el riesgo con los rendimientos esperados significa evaluar si las ganancias potenciales justifican el nivel de riesgo involucrado. Si sus objetivos financieros son más conservadores, como preservar el capital para necesidades futuras, podría ser prudente reducir la exposición a activos de alto riesgo. Por el contrario, si su objetivo es un crecimiento sustancial, es posible que esté dispuesto a aceptar una mayor volatilidad en busca de mayores rendimientos. Es importante ajustar su exposición al riesgo a lo largo del tiempo. A medida que alcance ciertos objetivos o cambien las condiciones del mercado, reevalúe su tolerancia al riesgo y realice los ajustes necesarios. Esta adaptabilidad garantiza que su estrategia de inversión siga estando en consonancia con su situación actual y sus objetivos a largo plazo.

4.2 Selección de estrategias de negociación: trading intradía, swing y a largo plazo

En el vasto mundo del trading de criptomonedas, elegir la estrategia adecuada se parece a elegir el calzado adecuado para una larga caminata. Usted quiere algo que se adapte a su estilo, le ayude en su viaje y le permita llegar cómodamente a su destino. Exploremos las tres estrategias de trading principales: trading intradia, swing trading e inversión a largo plazo.

El **trading intradia** es como el velocista del mundo del trading. Implica realizar numerosas operaciones en un solo día, basándose en gran medida en el análisis técnico y los sistemas de gráficos. El objetivo es aprovechar los pequeños movimientos de precios, cerrando todas las posiciones al final del día. Esta estrategia exige un alto nivel de atención y una configuración de trading sofisticada. Es rápida y de alto riesgo, pero ofrece la posibilidad de obtener beneficios rápidos. Sin embargo, también puede provocar importantes pérdidas financieras, especialmente para los principiantes. El tiempo que hay que dedicarle es considerable, lo que a menudo convierte el trading intradia en una actividad a tiempo completo. Por lo tanto, si te gusta el dinamismo y puedes soportar la presión, el trading intradia puede ser lo tuyo.

El swing trading, por otro lado, se parece más a una maratón. Se centra en obtener ganancias durante un período de días o semanas, aprovechando las oscilaciones del mercado. Esta estrategia le permite mantener otros compromisos, ya que requiere una supervisión menos constante en comparación con el trading intradia. El swing trading ofrece un equilibrio entre riesgo y recompensa, con la posibilidad de obtener rendimientos más significativos debido a los períodos de tenencia más largos. Sin embargo, también conlleva el riesgo de pérdidas más importantes si el mercado se mueve en su contra. Puede que el swing trading no le dé la misma adrenalina que el trading intradia, pero puede ser ideal para quienes prefieren un ritmo más constante; requiere paciencia y un buen ojo para detectar las tendencias emergentes.

La inversión **a largo plazo** es como plantar un árbol y verlo crecer. Se trata de la estabilidad y el crecimiento a lo largo del tiempo, centrándose en el potencial de las criptomonedas para apreciarse en valor. Esta estrategia implica comprar y mantener activos durante meses o incluso años, superando la volatilidad del mercado. Es adecuada para aquellos que prefieren un enfoque pasivo y tienen la paciencia necesaria para soportar las fluctuaciones del mercado. La inversión a largo plazo es menos estresante, ofrece tranquilidad y la posibilidad de acumular una riqueza significativa. Sin embargo, requiere una fuerte confianza en el futuro de las criptomonedas y la disciplina para mantener el rumbo a pesar de los contratiempos del corto plazo.

La elección de la estrategia adecuada depende de varios factores. Tenga en cuenta su disponibilidad de tiempo: el trading intradia exige una dedicación a tiempo completo, mientras que el swing trading y la inversión a largo plazo ofrecen más flexibilidad. Evalúe sus recursos financieros, ya que el trading intradia suele implicar altas comisiones por transacción que pueden reducir los beneficios.

La resiliencia emocional también es clave, ya que cada estrategia presenta sus propios retos. Los traders intradia deben manejar decisiones rápidas y presión, mientras que los traders de swing y los inversores a largo plazo necesitan paciencia y la capacidad de mantener la calma durante las caídas del mercado.

A veces, sus circunstancias u objetivos pueden cambiar, lo que le obligará a modificar su estrategia. Es importante que la transición sea fluida. Empiece por hacer adaptaciones graduales, como aumentar poco a poco el periodo de mantenimiento de sus operaciones si pasa, por ejemplo, del trading intradia al swing trading. Considere la posibilidad de hibridar estrategias, combinando elementos de diferentes enfoques para crear uno que se adapte a sus necesidades. Por ejemplo, podría combinar el swing trading con aspectos de la inversión a largo plazo, manteniendo activos prometedores durante periodos prolongados y aprovechando, al mismo tiempo, las oportunidades a corto plazo. Ajuste y experimente sin perder de vista sus objetivos generales y tolerancia al riesgo.

4.3 Implementación de su plan: comience poco a poco con operaciones simuladas

Al adentrarse por primera vez en el mundo del trading de criptomonedas, es fácil sentir que se está metiendo en aguas profundas. La idea de empezar poco a poco puede parecer contradictoria, especialmente cuando se oyen historias de personas que ganan mucho dinero de la noche a la mañana. Sin embargo, lanzarse con una exposición de capital limitada es una decisión acertada. Piense en ello como en probar el agua con los dedos de los pies antes de sumergirse. Al comenzar con una inversión modesta, minimiza el riesgo y, al mismo tiempo, adquiere una valiosa experiencia. Este enfoque le permite aprender a través de la práctica, comprender la mecánica del mercado y ganar confianza sin el estrés de una pérdida financiera significativa.

Una de las mejores formas de iniciarse en el trading sin correr el riesgo de perder dinero real es empezar con **el trading simulado**. Esta herramienta le permite simular operaciones, proporcionándole un entorno seguro en el que experimentar. Imagine tener la libertad de probar estrategias, supervisar resultados hipotéticos y perfeccionar sus habilidades sin temor a las repercusiones financieras. Las plataformas de trading simuladas proporcionan un entorno seguro para explorar las complejidades del trading, que le permiten desarrollar la confianza necesaria para enfrentarse al mercado real.

Crear una cuenta de trading simulado es un excelente primer paso para comprender la dinámica del mercado. Empiece por elegir una plataforma que se adapte a sus necesidades. Opciones como TradingView y Binance ofrecen interfaces fáciles de usar que se adaptan a los principiantes. Una vez que haya elegido una plataforma, configure los ajustes y preferencias de su cuenta. Empiece por establecer un saldo virtual que refleje lo que invertiría de forma realista. Esta configuración le permitirá familiarizarse con la gestión de sus recursos. A medida que navegue por la plataforma, familiarícese con sus funciones, como las herramientas de gráficos y el seguimiento del rendimiento. Estas herramientas le resultarán muy útiles cuando pase a operar en vivo.

Cuando esté listo para pasar del trading simulado al trading real, es fundamental realizar una transición gradual. Empiece aumentando poco a poco el tamaño de su inversión en lugar de lanzarse con todo su capital. Este método le ayudará a aclimatarse a la montaña rusa emocional que puede acompañar al trading con dinero real. Reconocer que es posible sufrir pérdidas reales le preparará mentalmente, reduciendo el impacto y el estrés que pueden llevar a tomar decisiones precipitadas. Es esencial mantener la paciencia y evitar precipitarse en el proceso. Piense en ello como aumentar gradualmente la intensidad de su entrenamiento en lugar de lanzarse directamente a una maratón. De esta manera, construirá una base sólida para el éxito a largo plazo en el trading.

La reflexión continua y el ajuste del plan son componentes esenciales de una estrategia de trading exitosa. Las revisiones periódicas del rendimiento le permiten evaluar sus operaciones, identificar patrones y aprender tanto de los éxitos como de los errores. Tómese el tiempo necesario para analizar lo que ha funcionado y lo que no, y utilice estos conocimientos para optimizar su estrategia. El mercado está en constante cambio, y adaptarse a las nuevas tendencias o modificaciones es esencial para mantenerse a la vanguardia. Este proceso iterativo garantiza que su plan de trading siga siendo dinámico y se adapte a su crecimiento personal y a las condiciones del mercado. Acepte el proceso de aprendizaje y adaptación, sabiendo que cada paso adelante lo acerca a sus objetivos de trading.

4.4 Lista de verificación del plan de trading

Crear un plan de trading es como elaborar el proyecto de una nueva casa: necesita unos cimientos sólidos antes de empezar. Utilice esta lista de verificación para desarrollar una estrategia que se ajuste a sus objetivos y recursos.

- **Defina su motivación**
  - ¿Le atraen las criptomonedas por su tecnología o por las ganancias financieras?
  - ¿Cuáles son sus objetivos de trading a corto y largo plazo?

- **Evalúe sus recursos**
  - ¿Cuánto tiempo puede dedicar realmente al trading?
  - ¿De cuánto capital dispone y cuánto está dispuesto a arriesgar?
- **Seleccione herramientas y plataformas de trading**
  - ¿Ha investigado y elegido una plataforma de trading fiable?
  - ¿Necesita herramientas adicionales, cursos formativos o software para mejorar sus habilidades de trading?
- **Implemente estrategias de gestión de riesgos**
  - ¿Cómo protegerá sus inversiones (por ejemplo, órdenes de stop loss, diversificación de la billetera)?
  - ¿Cómo gestionará las pérdidas y mantendrá la disciplina durante la volatilidad del mercado?
- **Establezca criterios de evaluación del rendimiento**
  - ¿Qué puntos de referencia e indicadores de rendimiento utilizará para evaluar sus operaciones?
  - ¿Con qué frecuencia revisará y perfeccionará su estrategia de trading?
- **Manténgase informado**
  - ¿En qué fuentes de análisis de mercado y noticias se basará?
  - ¿Cómo continuará su formación para adaptarse al cambiante panorama de las criptomonedas?

Siguiendo esta lista de verificación, podrá crear un plan de operaciones estructurado, adaptable y alineado con sus objetivos financieros. Recuerde que crear un plan de operaciones es solo el principio. Como cualquier plan bien elaborado, es necesario prestarle atención y revisarlo periódicamente para que siga siendo eficaz.

CAPÍTULO 5
CREACIÓN DE UNA CARTERA DE CRIPTOMONEDAS

IMAGINE que está montando un rompecabezas. Cada pieza, única en su forma y color, contribuye a formar el cuadro completo. En el mundo de la inversión en criptomonedas, la diversificación es similar a este rompecabezas. Cada criptomoneda representa una pieza distinta, y su objetivo es encajarlas para crear una cartera equilibrada y resistente. La diversificación no es solo una palabra de moda, es una estrategia que puede protegerle de la naturaleza impredecible del mercado de las criptomonedas. Al repartir sus inversiones entre diferentes activos, reduce el riesgo de un único punto de fallo. Este enfoque es esencial para construir un futuro financiero sólido en el mundo de las monedas digitales.

Diversificar su cartera de criptomonedas implica algo más que elegir monedas al azar. Requiere un enfoque reflexivo en la selección de activos. Considere la posibilidad de invertir en una combinación de criptomonedas de renombre, como Bitcoin y Ethereum, junto con altcoins prometedoras que ofrezcan diferentes innovaciones tecnológicas y casos de uso. Estas altcoins podrían centrarse en áreas como los contratos inteligentes, las finanzas descentralizadas o incluso los juegos.

Incluir stablecoins en su cartera es otra medida inteligente. Las stablecoins, como Tether y USD Coin, mantienen un valor constante, lo que proporciona un colchón frente a la volatilidad del mercado. Tener una parte de su cartera en stablecoins crea un refugio seguro para sus inversiones, mitigando el impacto de las fluctuaciones del mercado.

Cuando se trata de una diversificación eficaz, hay estrategias prácticas que puedes emplear. Asignar un porcentaje de tu cartera a proyectos emergentes puede suponer un cambio radical. Estos proyectos suelen estar a la vanguardia de la innovación y ofrecen un potencial de rentabilidad significativo a medida que ganan terreno. Sin embargo, es esencial equilibrar estos activos de alto riesgo y alta rentabilidad con inversiones más estables. Su cartera debe reflejar una combinación de activos de alto y bajo riesgo, creando un espectro que se ajuste a su tolerancia y a sus objetivos de inversión.

Las ventajas de la diversificación son múltiples. Al repartir sus inversiones entre diversos activos, se protege de las caídas del mercado en sectores específicos. Si un activo tiene un rendimiento inferior al esperado, otros de su cartera pueden contrarrestar la pérdida. Este colchón protector mejora la resistencia de su cartera, al igual que un puente bien construido que resiste los fuertes vientos. Además, la diversificación le permite aprovechar el crecimiento en diferentes segmentos del mercado. A medida que evolucionan los distintos sectores del panorama de las criptomonedas, su cartera diversificada le permite beneficiarse de estos cambios, lo que puede generar ganancias a largo plazo.

Sin embargo, la diversificación no está exenta de inconvenientes. La diversificación excesiva puede diluir los rendimientos, ya que repartir demasiado sus inversiones puede dar lugar a ganancias insignificantes. Es fundamental encontrar un equilibrio y asegurarse de que cada activo de su cartera tenga un impacto visible.

Otro error común es descuidar la diligencia debida en los activos individuales. Cada criptomoneda debe investigarse y evaluarse cuidadosamente, teniendo en cuenta factores como la tecnología, la demanda del mercado y la experiencia del equipo. Ignorar este paso es como comprar un coche sin comprobar su motor, lo que puede dar lugar a problemas imprevistos en el futuro.

Sección de reflexión: evaluar su estrategia de diversificación

Tómese un momento para evaluar su estrategia de diversificación actual. Reflexione sobre las siguientes preguntas:

- ¿Sus inversiones están repartidas entre diferentes tipos de criptomonedas?
- ¿Ha incluido monedas estables para equilibrar la volatilidad?
- ¿Está equilibrando los activos de alto riesgo y los de bajo riesgo?
- ¿Está realizando una investigación exhaustiva sobre cada activo?

Anote sus respuestas e identifique las áreas que se pueden mejorar. Este ejercicio le ayudará a perfeccionar su enfoque, asegurándose de que su cartera esté bien diversificada y alineada con sus objetivos de inversión.

5.1 Evaluación de riesgos: equilibrar activos de alta y baja volatilidad

Cuando hablamos de volatilidad en el contexto de las inversiones, nos referimos al grado de variación del precio de un activo a lo largo del tiempo. Es una medida de cuánto puede subir o bajar el precio de un activo. En el caso de las criptomonedas, la volatilidad es especialmente pronunciada. Cuanto más volátil es una inversión, más arriesgada es. Un activo con mayor volatilidad tiene el potencial de obtener mayores rendimientos, pero también tiene el potencial de sufrir pérdidas más significativas en un período más corto. Esta volatilidad puede hacer que las criptomonedas sean emocionantes, pero también estresantes.

Los índices de volatilidad, como el CVI (Crypto Volatility Index) y el CVIX (Cryptocurrency VIX), son herramientas que se utilizan para realizar un seguimiento de estas fluctuaciones. Ofrecen una instantánea de la turbulencia del mercado, lo que ayuda a evaluar el nivel de riesgo que conlleva. **Las fluctuaciones históricas de los precios** son otro aspecto crítico a tener en cuenta. Proporcionan información sobre cómo se ha comportado un activo en el pasado, lo que puede ser un indicador útil para predecir movimientos futuros. Al comprender estos patrones, puede anticipar mejor cómo podría reaccionar su cartera ante los cambios del mercado.

En el mundo de las criptomonedas, no todas las monedas son iguales en cuanto a volatilidad. El bitcoin, a menudo considerado como el punto de referencia, tiende a ser menos volátil en comparación con muchas otras monedas alternativas. Su mayor capitalización de mercado y su amplia adopción le confieren un cierto grado de estabilidad, al menos en relación con el espacio criptográfico. Por otro lado, las monedas alternativas emergentes pueden ser muy volátiles. Estas monedas más nuevas pueden experimentar rápidas oscilaciones de precios al reaccionar a la especulación del mercado, las noticias o las novedades sobre su desarrollo. Si bien estas fluctuaciones pueden ofrecer oportunidades de ganancias significativas, también conllevan un mayor riesgo. Es como caminar por la cuerda floja sin red: emocionante pero peligroso. Comprender los niveles de volatilidad de las diferentes criptomonedas le ayuda a gestionar los riesgos potenciales de su cartera, asegurándose de no estar demasiado expuesto a activos que puedan provocar fuertes oscilaciones de precios.

Equilibrar la volatilidad dentro de su cartera es fundamental para lograr la estabilidad sin dejar de buscar el crecimiento. Una estrategia eficaz consiste en asignar una parte de su cartera a monedas estables. Estas monedas proporcionan un amortiguador frente a la naturaleza impredecible de otras criptomonedas. La presencia de monedas estables en su cartera actúa como un ancla, proporcionando estabilidad y reduciendo la volatilidad general de sus inversiones. Aunque ninguna inversión está exenta de riesgo, la incorporación de monedas estables puede crear una cartera más equilibrada y resistente en el panorama siempre cambiante de las criptomonedas.

Las estrategias de cobertura también pueden desempeñar un papel importante en la gestión de la volatilidad. Mediante técnicas como la compra de opciones o contratos de futuros, puede compensar las pérdidas potenciales de su cartera, como si se tratara de una red de seguridad financiera. Estas estrategias requieren un poco más de conocimientos y habilidades, pero pueden ser muy valiosas para aquellos que buscan mitigar el riesgo.

5.2 Inversiones a largo plazo vs. a corto plazo: ventajas y desventajas

A la hora de navegar por el panorama de las criptomonedas, elegir entre estrategias de inversión a largo y corto plazo es como decidir entre plantar un árbol o recoger flores. Cada una tiene sus ventajas y sus retos; comprenderlos puede ayudarle a adaptar su enfoque. Las inversiones a largo plazo en criptomonedas son como plantar un árbol robusto que crece con el tiempo. El potencial de crecimiento compuesto es una ventaja significativa en este caso. Al mantener activos como Bitcoin o Ethereum, les da la oportunidad de apreciarse, aprovechando los ciclos del mercado y beneficiándose de las tendencias alcistas generales. Este enfoque requiere paciencia y creer en el valor duradero de la criptomoneda en la que está invirtiendo. Sin embargo, también significa capear las caídas del mercado, lo que puede poner a prueba su determinación.

Por otro lado, las inversiones a corto plazo requieren una atención constante. Esta estrategia consiste en aprovechar la naturaleza volátil de las criptomonedas, en particular las altcoins. Estos activos pueden experimentar rápidos cambios de precio, lo que ofrece oportunidades de obtener beneficios rápidos si se sincronizan bien las operaciones. Sin embargo, este enfoque conlleva una serie de retos. Las fluctuaciones impredecibles del mercado exigen disciplina y un buen ojo para las tendencias. Se trata de una estrategia dinámica, más adecuada para aquellos que se desenvuelven bien en entornos dinámicos y tienen tiempo para seguir de cerca el mercado.

Hay situaciones específicas en las que cada estrategia destaca. La tenencia a largo plazo es ideal para las principales criptomonedas con un historial consolidado y un crecimiento constante. Si su objetivo es acumular riqueza con el tiempo y se siente cómodo con los altibajos del mercado, este enfoque podría ser el adecuado para usted. Le permite dar un paso atrás, centrarse en otros aspectos de su vida y dejar que su inversión crezca. Por el contrario, el trading a corto plazo puede ser lucrativo en un mercado volátil, especialmente cuando se trata de altcoins emergentes. Cuando el mercado experimenta subidas o bajadas repentinas, la compra y venta rápidas pueden generar ganancias sustanciales, siempre que se tomen decisiones informadas y se actúe con rapidez.

Invertir no es solo una cuestión de números también es un viaje emocional. Cada estrategia tiene sus aspectos psicológicos. La inversión a largo plazo exige paciencia, a veces frente a mercados en declive. Requiere un nivel de calma y la capacidad de ceñirse a su plan incluso cuando los precios caen en picada. Se trata de ver el panorama general y confiar en el crecimiento eventual de sus inversiones. El comercio a corto plazo, por otro lado, requiere disciplina. La tentación de obtener ganancias instantáneas puede llevar a tomar decisiones impulsivas. Es fundamental tener una estrategia clara y ceñirse a ella, evitando la tentación de perseguir cada pista prometedora.

Para aquellos que buscan obtener lo mejor de ambos mundos, integrar tácticas a largo y corto plazo puede ser una estrategia viable. El enfoque núcleo-satélite es una forma de lograr este equilibrio. En este caso, se mantiene una cartera básica de inversiones a largo plazo en criptomonedas estables y fiables. Este núcleo actúa como base, proporcionando estabilidad y crecimiento a lo largo del tiempo. Alrededor de esta, se construye un satélite de inversiones a corto plazo, lo que permite aprovechar la volatilidad del mercado y obtener ganancias rápidas. Esta combinación ofrece la seguridad del crecimiento a largo plazo con la emoción de las oportunidades a corto plazo, creando una cartera diversificada y dinámica.

5.3 Casos prácticos reales: ejemplos de carteras exitosas

Veamos algunos ejemplos reales de carteras de criptomonedas exitosas que han causado sensación en el mercado. No se trata solo de historias de suerte, sino que se basan en una planificación estratégica, una toma de decisiones informada y una asunción de riesgos calculada. En primer lugar, consideremos el caso de una **cartera de alto crecimiento** que aprovechó el meteórico ascenso de las altcoins emergentes, al tiempo que mantuvo una base sólida en las criptomonedas establecidas. Esta cartera incluía una importante inversión en Ethereum y Bitcoin, que sirvieron de base, proporcionando estabilidad y potencial de crecimiento a largo plazo. Además, el inversor asignó fondos a altcoins prometedoras como Chainlink y Polkadot, que estaban preparadas para un rápido crecimiento gracias a sus tecnologías innovadoras y su sólida posición en el mercado.

El éxito de esta cartera no se debió solo a la elección de los activos adecuados. También se debió a la comprensión de las tendencias del mercado y al reequilibrio preciso de la cartera. El inversor supervisó activamente las condiciones del mercado, ajustando la asignación de activos en respuesta a los nuevos acontecimientos y a los cambios en la dinámica del mercado. Este enfoque proactivo le permitió aprovechar las oportunidades emergentes y minimizar la exposición a los activos en declive. El reequilibrio se realizó trimestralmente, lo que garantizó que la cartera se mantuviera alineada con los objetivos y la tolerancia al riesgo del inversor. Esta estrategia disciplinada no solo maximizó los rendimientos, sino que también mitigó los riesgos asociados a la volatilidad del mercado y a las caídas repentinas.

Otro ejemplo impresionante es una **cartera de riesgo equilibrada** que se centró en minimizar la exposición a las fluctuaciones extremas del mercado, al tiempo que se lograba un crecimiento constante. Esta cartera incluía una combinación de criptomonedas estables como Bitcoin y Ethereum, complementadas con monedas estables como USD Coin para proporcionar una red de seguridad frente a la volatilidad del mercado. El inversor también exploró segmentos nicho dentro del espacio criptográfico, asignando una parte más pequeña de la cartera a tokens DeFi y proyectos con fundamentos sólidos. La clave del éxito de esta cartera fue un enfoque meticuloso en la selección de activos, dando prioridad a proyectos con un historial probado, equipos de desarrollo sólidos y propuestas de valor claras.

¿Qué podemos aprender de estos ejemplos? En primer lugar, no se puede subestimar la importancia de la diversificación. Al repartir las inversiones entre diversos activos, estas carteras pudieron mitigar los riesgos y aprovechar las oportunidades de crecimiento en diferentes sectores. Además, la capacidad de adaptación a los cambios del mercado desempeñó un papel crucial en el mantenimiento del éxito. La capacidad de ajustar las estrategias y la asignación de activos en respuesta a la evolución de las condiciones del mercado garantizó que estas carteras se mantuvieran resistentes y competitivas.

Otra conclusión valiosa es la importancia de una investigación exhaustiva y la debida diligencia. Los inversores exitosos no se basaron únicamente en sus corazonadas, sino que realizaron análisis en profundidad de cada activo, teniendo en cuenta factores como la tecnología, la demanda del mercado y el panorama competitivo.

Al reflexionar sobre estos casos prácticos, considere cómo las estrategias y los conocimientos pueden influir en su enfoque de inversión personal. Piense en los criterios que utilizará para seleccionar los activos y con qué frecuencia reequilibrará su cartera. ¿Está preparado para adaptarse a los cambios del mercado y aprovechar las nuevas oportunidades que surjan? Es esencial desarrollar una estrategia personalizada que se ajuste a sus objetivos financieros y a su apetito de riesgo. Al aprender de estos ejemplos de la vida real, podrá mejorar su comprensión de lo que se necesita para construir una cartera de criptomonedas exitosa, dotándose del conocimiento y la confianza necesaria para navegar por este mercado dinámico.

5.4 Consideraciones sobre la cartera de criptomonedas

Crear una cartera de criptomonedas es como elaborar una obra maestra. Cada decisión añade una pincelada, contribuyendo al cuadro final de sus aspiraciones financieras. Para guiarle en este proceso creativo, aquí tiene algunas preguntas que debe tener en cuenta. Estas preguntas se basan en el debate del capítulo anterior y están diseñadas para ayudarle a reflexionar sobre sus elecciones, asegurándose de que su cartera se ajusta a sus objetivos y tolerancia al riesgo. Sirven como brújula, orientando sus inversiones y ayudándole a navegar por las aguas a menudo turbulentas del mercado de las criptomonedas.

En primer lugar, pregúntese cuáles son sus **objetivos de inversión**.

- ¿Qué espera conseguir con sus inversiones en criptomonedas?
- ¿Busca acumular riqueza a largo plazo o le interesan más las ganancias a corto plazo?

Tener objetivos claros dará forma a la estructura de su cartera y guiará su proceso de toma de decisiones. Sus objetivos pueden determinar el equilibrio entre la estabilidad y el riesgo, lo que influirá en las criptomonedas que elija y en cómo distribuya sus recursos.

A continuación, considere su **tolerancia al riesgo**.

- ¿Con cuánta volatilidad se siente cómodo?
- ¿Cuánto puede permitirse perder sin que ello afecte a su bienestar financiero?

Esto es crucial, ya que determinará el nivel de riesgo que está dispuesto a asumir con sus inversiones. Una mayor tolerancia al riesgo podría llevarle a invertir en activos más volátiles, mientras que una menor tolerancia podría orientarle hacia monedas estables y criptomonedas consolidadas. Comprender su umbral de riesgo le ayuda a crear una cartera que pueda gestionar emocional y financieramente.

Piense en la cantidad de **capital** que está dispuesto a invertir.

- ¿Qué porcentaje de su patrimonio total está dispuesto a destinar a criptomonedas?

Establecer límites claros es esencial para evitar comprometerse en exceso y exponerse a riesgos innecesarios. Determine un porcentaje de sus activos totales con el que se sienta cómodo invirtiendo, asegurándose de no poner en juego todo su futuro financiero. Esta consideración le ayudará a mantener una cartera equilibrada y diversificada.

Evalúe el **plazo** que tiene en mente para tus inversiones.

- ¿Tiene previsto mantener sus activos durante años o piensa operar con frecuencia?

Su horizonte de inversión influye en los tipos de activos y estrategias que elige. Los plazos más largos pueden favorecer activos más estables que pueden crecer de forma constante, mientras que los plazos más cortos pueden llevarle a centrarse en activos con mayor potencial de ganancias rápidas. Definir su plazo le ayudará a adaptar su cartera a su estilo de vida y sus objetivos financieros.

Tenga en cuenta su **conocimiento** del mercado de las criptomonedas.

- ¿Qué tan familiarizado está con las tecnologías y los proyectos en los que invierte?

Es fundamental invertir en lo que entiende, ya que esto le dará confianza en sus elecciones y le ayudará a tomar decisiones informadas. Si es nuevo en este ámbito, comience con criptomonedas conocidas y diversifique gradualmente a medida que aprenda más. Este enfoque minimiza el riesgo y le permite ganar experiencia con su cartera.

Reflexione sobre su estrategia para **mantenerse informado**.

- ¿Cómo se mantendrá al día de las tendencias y la evolución del mercado?

Mantenerse informado es clave para tomar decisiones oportunas y ajustar su cartera según sea necesario. Para estar al día, considere suscribirse a plataformas de noticias sobre criptomonedas, unirse a comunidades online o seguir a personas influyentes del sector. Contar con una fuente de información fiable le garantiza estar siempre al tanto de los cambios del mercado y las nuevas oportunidades.

Por último, considere su plan para **supervisar y reequilibrar su cartera**.

- ¿Con qué frecuencia revisará sus inversiones?
- ¿Qué criterios utilizará para realizar ajustes?

Evaluar periódicamente el rendimiento de su cartera le ayuda a garantizar que se mantenga alineada con sus objetivos y su tolerancia al riesgo. Establezca un calendario para revisar su cartera y fije unas pautas sobre cuándo y cómo reequilibrar sus activos. Este enfoque proactivo mantiene sus inversiones por el buen camino y le permite aprovechar nuevas oportunidades.

Con estas preguntas como guía, puede crear una cartera de criptomonedas bien pensada y resistente.

Al concluir este capítulo, recuerde que su cartera es una entidad en evolución que refleja su trayectoria financiera y sus aspiraciones. Siga adaptándose y aprendiendo, y encontrará el éxito.

En el próximo capítulo, exploraremos las complejidades del dominio del análisis de mercado y nos sumergiremos en estrategias que le ayudarán a tomar decisiones informadas y a navegar por el dinámico panorama de las criptomonedas.

CAPÍTULO 6
DOMINAR EL ANÁLISIS DE MERCADO

ADÉNTRESE en el mundo de las criptomonedas y pronto se dará cuenta de que no se trata solo de comprar barato y vender caro, sino de aprender a interpretar el estado de ánimo, el comportamiento y las señales ocultas del mercado. Al igual que un viajero experimentado que aprende a interpretar las costumbres locales para moverse por una ciudad extranjera, un trader de criptomonedas exitoso aprende a interpretar las señales del mercado mediante el análisis. Este capítulo es su guía para comprender esas señales, utilizando herramientas tanto técnicas como fundamentales para tomar decisiones más inteligentes y estratégicas.

En esencia, el análisis de mercado consiste en reconocer patrones, evaluar datos y anticipar cambios. Le ayuda a responder preguntas como: *¿Es sostenible esta tendencia de precios? ¿Los operadores son optimistas o temerosos? ¿Este proyecto es fundamentalmente sólido o es solo una moda pasajera?* Tanto si está analizando gráficos históricos de precios como si se sumerge en la salud financiera de un proyecto, el análisis de mercado es la brújula que le ayuda a navegar por los caóticos mares del comercio de criptomonedas.

Comenzaremos con **el análisis técnico**, que se centra en los movimientos de precios, los patrones de gráficos y los indicadores como el RSI, la MACD y las bandas de Bollinger. Estas herramientas no solo le muestran lo que *ha* sucedido, sino que le ayudan a predecir lo que *podría* suceder a continuación interpretando las señales visuales y los cambios de impulso en el mercado.

Luego, exploraremos **el análisis fundamental**, que da un paso atrás respecto a los gráficos y se adentra en el núcleo de un proyecto de criptomonedas: su base económica, su utilidad, su equipo, sus asociaciones y cómo factores externos como las regulaciones o las noticias globales dan forma al sentimiento del mercado.

6.1 Análisis técnico: gráficos, patrones e indicadores técnicos

El análisis técnico en criptomonedas se centra en gráficos de precios, patrones e indicadores (RSI, MACD o bandas de Bollinger) para predecir los movimientos futuros del mercado. Se basa en la idea de que el comportamiento histórico de los precios puede ayudar a pronosticar las tendencias futuras, sin tener en cuenta el valor subyacente del activo.

Para comenzar nuestro viaje por el análisis técnico, empezaremos con una de las herramientas más emblemáticas y utilizadas en el arsenal de un operador: el **gráfico de velas**. Mucho más que una simple representación visual de números, los gráficos de velas ofrecen una forma rica e intuitiva de interpretar el comportamiento de los precios, revelando el estado de ánimo del mercado de un solo vistazo.

Imagine que es un coleccionista de arte frente a un cuadro. Cada pincelada, cada color, cuenta una historia y contiene una pista sobre la intención del artista. Del mismo modo, los gráficos de velas son los lienzos de los mercados de criptomonedas, ya que ofrecen una visión visual de los movimientos de los precios y el estado de ánimo de los operadores. Originarios de Japón hace más de un siglo, estos gráficos se han convertido en herramientas esenciales para los operadores de todo el mundo. No solo muestran datos, sino que narran el viaje emocional del mercado, destacando las tendencias a corto plazo y los posibles cambios de tendencia. Muestran datos históricos de precios, capturando los precios de apertura, cierre, máximos y mínimos de cualquier período dado de una manera visualmente intuitiva. El cuerpo de la vela representa el rango entre los precios de apertura y cierre, mientras que las sombras, o mechas, marcan los máximos y mínimos. Un cuerpo relleno, a menudo rojo o negro, significa un cierre inferior a la apertura, lo que sugiere un sentimiento bajista. Por el contrario, un cuerpo hueco, en verde o blanco, indica un comportamiento alcista cuando el cierre es superior a la apertura.

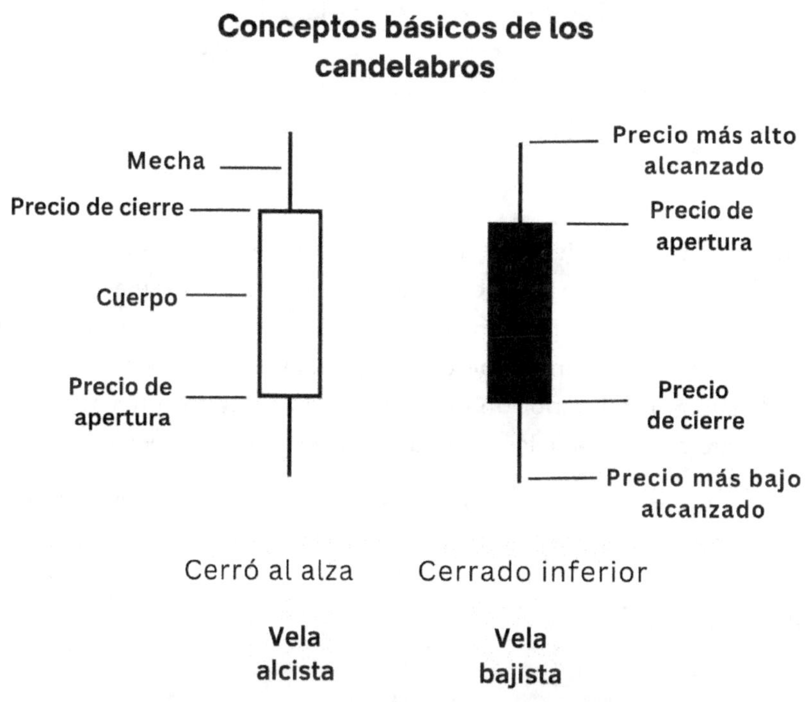

Para aprovechar realmente el poder de los gráficos de velas japonesas, debe profundizar en sus patrones. Estos patrones son como el lenguaje del mercado, y cada formación tiene implicaciones específicas. Tomemos como ejemplo el **patrón envolvente alcista**. Aparece cuando una vela bajista pequeña es seguida por una vela alcista más grande que envuelve completamente a la anterior. Este patrón suele indicar una posible reversión al alza, lo que indica que los compradores han tomado el control. Por otro lado, el **patrón envolvente bajista** muestra una pequeña vela alcista envuelta por una bajista más grande, lo que sugiere un cambio a la baja a medida que los vendedores ganan ventaja.

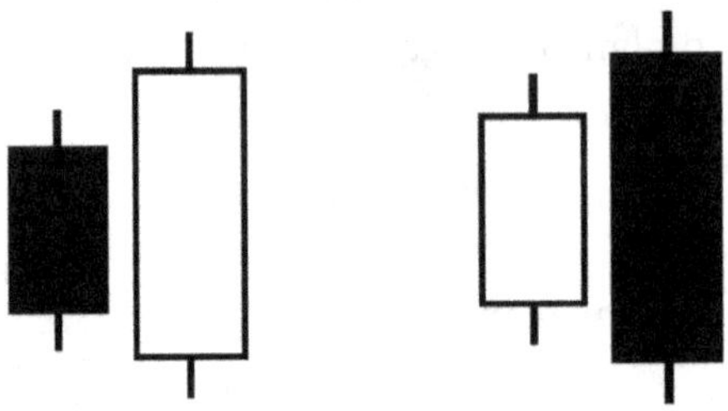

Luego está el **doji**, una vela única que se forma cuando los precios de apertura y cierre son prácticamente idénticos, creando una cruz o un signo "+". Sugiere indecisión en el mercado y puede indicar un posible cambio en la dirección del mercado, especialmente si se encuentra en la parte superior o inferior de una tendencia, lo que lo convierte en un momento crítico al que los operadores deben prestar atención.

Existen diferentes tipos de patrones doji, como el doji lápida (que a menudo se considera una reversión bajista) y el doji libélula (que a menudo se considera una reversión alcista).

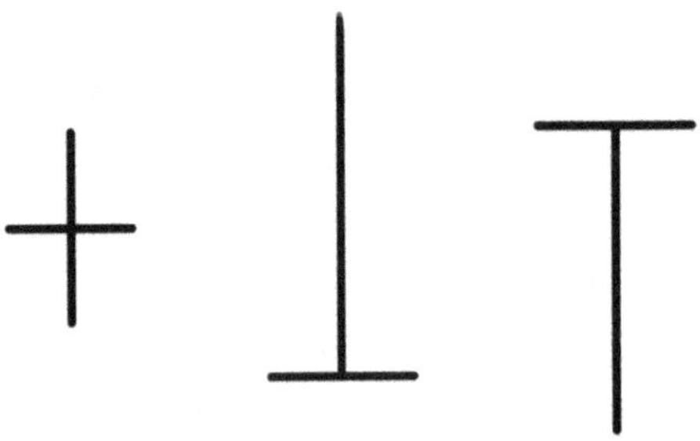

Hay muchos patrones de velas japonesas que pueden utilizarse con fines de análisis. A medida que adquiera más confianza y experiencia en la realización de análisis, es importante que se familiarice con estos patrones. En Internet puede encontrar muchos recursos que explican los diferentes patrones y su significado.

Los marcos temporales añaden otra capa de profundidad a los gráficos de velas, ofreciéndole diferentes perspectivas desde las que ver el mercado. Las tendencias a corto plazo se capturan en los gráficos de trading intradia, lo que proporciona granularidad a los operadores que prosperan con decisiones rápidas. Estos gráficos pueden mostrar movimientos de precios por hora o incluso por minuto, lo que permite puntos de entrada y salida precisos. Sin embargo, pueden ser volátiles, con cambios rápidos que exigen una atención constante.

Por el contrario, los gráficos diarios resaltan las tendencias a largo plazo, suavizando el ruido y proporcionando una perspectiva más amplia. Están dirigidos a los operadores de swing y a los inversores a largo plazo que buscan aprovechar las tendencias más sostenidas. Estos marcos temporales variables le permiten adaptar su análisis a su estilo de trading.

Los patrones de velas japonesas son muy valiosos para la toma de decisiones, ya que sirven como indicadores que guían a los operadores hacia movimientos estratégicos. Al interpretar estos patrones, los operadores pueden identificar los puntos de entrada y salida, maximizando los beneficios y minimizando las pérdidas. Por ejemplo, detectar un patrón envolvente alcista podría tentarle a entrar en una posición larga, anticipando un impulso alcista. Por el contrario, un patrón envolvente bajista podría indicar una salida, protegiendo sus ganancias antes de una posible caída. Estos patrones también ayudan a identificar los cambios de tendencia del mercado, alertándole de los cambios antes de que se produzcan por completo.

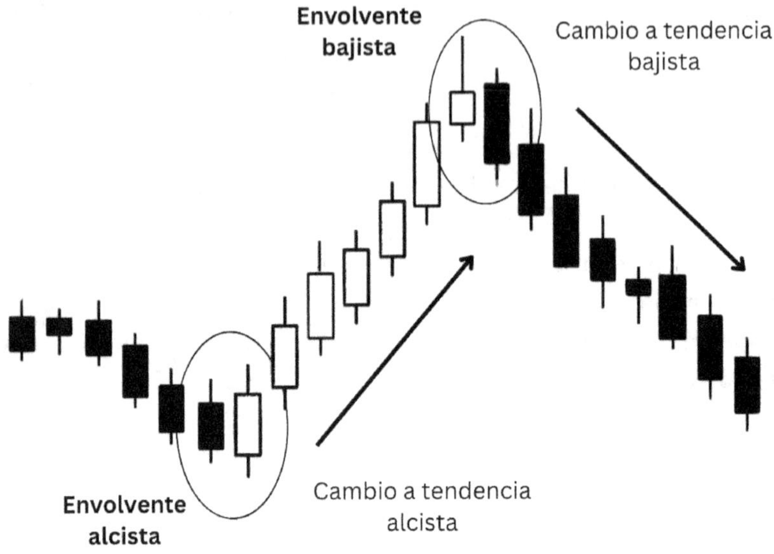

Los gráficos de velas japonesas son muy valiosos para examinar los cambios de precios, evaluar el estado de ánimo del mercado y detectar posibles reversiones en las tendencias. Sin embargo, su verdadero poder se libera cuando se combinan con otras herramientas de análisis técnico. Discutiremos algunas de ellas en la siguiente sección, y otras con las que debería familiarizarse después de dominar los conceptos básicos.

Algunas de las herramientas más populares son:

- Índice de fuerza relativa (RSI)
- Medias móviles
- Convergencia/divergencia de la media móvil (MACD)
- Bandas de Bollinger
- Niveles de retroceso de Fibonacci
- Nube Ichimoku

La combinación de estas herramientas con los gráficos de velas japonesas permite un análisis más profundo de los patrones y las tendencias, lo que ofrece una visión más clara de hacia dónde podrían dirigirse los precios en el futuro.

RSI (Relative Strength Index) o «índice de fuerza relativa»:

El RSI es una herramienta valiosa para evaluar el estado del mercado de las criptomonedas. Actúa como un termómetro del mercado, indicando si un activo se está sobrecalentando o enfriando. Los valores del RSI oscilan entre 0 y 100, se calculan en función de las ganancias y pérdidas medias durante un periodo determinado, y señalan si un activo está sobrecomprado o sobrevendido.

- **Sobrecomprado**: si la puntuación del RSI es superior a 70, sugiere que la criptomoneda podría estar sobrecomprada. Esto significa que mucha gente la ha estado comprando y que su precio puede ser superior a su valor habitual, lo que podría provocar una caída del precio en breve.
- **Sobrevendida**: si la puntuación del RSI es inferior a 30, indica que la criptomoneda podría estar sobrevendida. Esto sugiere que el precio ha caído bruscamente y que podría estar infravalorado, lo que podría provocar un aumento del precio a medida que los compradores empiecen a considerarlo una buena oportunidad.

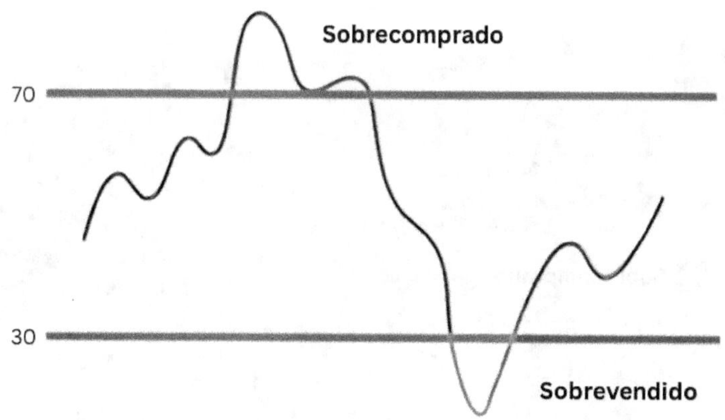

Para un análisis más detallado, puede combinar el RSI con un gráfico de velas japonesas. Al observar un gráfico de velas japonesas, se pueden ver patrones que sugieren movimientos futuros en el precio. Mediante el uso del RSI, se pueden validar estos patrones. Por ejemplo, si un patrón de velas japonesas sugiere una próxima reversión y el RSI indica que el activo está sobrecomprado o sobrevendido, se refuerza la posibilidad de esa reversión.

Esta combinación le permite tomar decisiones más informadas al confirmar las señales de ambas herramientas. Si tanto el patrón de velas japonesas como el RSI apuntan a un posible aumento del precio, podría ser un buen momento para considerar la compra. Por el contrario, si ambos sugieren una disminución, podría ser el momento de vender.

MACD (Moving Average Convergence-Divergence) o «convergencia/divergencia de la media móvil»:

Otra herramienta poderosa en su kit de herramientas de trading es la MACD. La **media móvil** se utiliza para determinar la dirección de la tendencia y se calcula sumando todos los puntos de datos durante un período específico y dividiéndolos por la suma del número de períodos. La **MACD** ayuda a identificar los cambios de impulso para determinar si el precio de un activo se está fortaleciendo o debilitando y ayuda a detectar posibles señales de compra o venta. Imagine dos líneas que bailan en un gráfico: la línea MACD y la línea de señal. Cuando la línea MACD cruza por encima de la línea de señal, podría ser el momento de considerar la compra, ya que este cruce indica un impulso alcista. Por el contrario, cuando cae por debajo, el sentimiento bajista toma el protagonismo, lo que indica un posible buen momento para vender.

El histograma, una serie de barras verticales, añade otra capa de información al mostrar la distancia entre estas dos líneas. Las barras positivas sugieren un impulso alcista, mientras que las negativas apuntan a una posible caída. Las divergencias en la MACD también pueden ser reveladoras. Si el precio alcanza un nuevo máximo y la MACD no, podría ser una señal de que la tendencia está perdiendo fuerza.

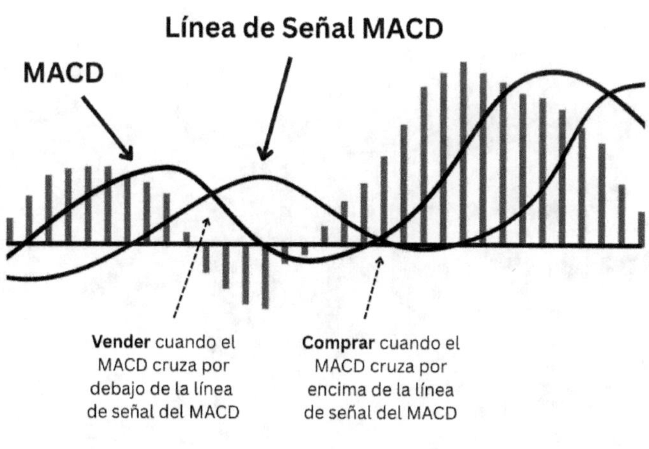

Bandas de Bollinger

Las bandas de Bollinger son un indicador técnico que da una idea de la volatilidad del mercado y la dirección de la tendencia. Desarrollada por John Bollinger, esta herramienta consta de tres bandas. La banda central es la media móvil simple (normalmente una media de 20 días), y las dos bandas exteriores reflejan las desviaciones estándar. La superior es la media más dos desviaciones estándar, y la inferior es la media menos dos desviaciones estándar. La desviación estándar es una medida de cuánto se desvía el precio de la media durante un periodo determinado. y es un indicador de la volatilidad. Cuanto más separadas están las bandas, mayor es la volatilidad, y cuanto más cercanas, menor. Cuando el precio toca la banda superior, indica posibles condiciones de sobrecompra, mientras que cuando alcanza la banda inferior, sugiere niveles de sobreventa.

Las bandas se expanden y contraen en función de la volatilidad del mercado. Una compresión, en la que las bandas se acercan, sugiere una posible ruptura, mientras que una amplia separación entre las bandas suele indicar una alta volatilidad. La clave está en reconocer estos movimientos como oportunidades. Por ejemplo, una compresión de las bandas de Bollinger seguida de una ruptura podría indicar el inicio de una nueva tendencia.

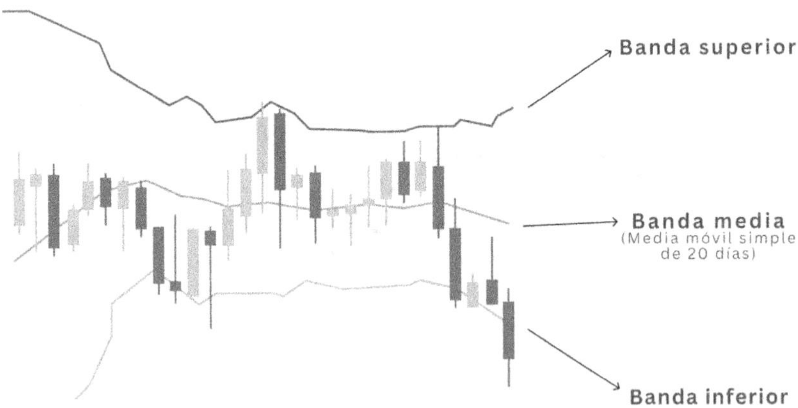

El uso conjunto del RSI, la MACD y las bandas de Bollinger puede proporcionar una visión completa de la dinámica del mercado. Imagine que está analizando una criptomoneda y observa que el RSI indica una condición de sobrecompra. Al mismo tiempo, la MACD muestra un cruce bajista (la línea MACD cruza por debajo de la línea de señal). Esta doble confirmación podría sugerir que es el momento de considerar la venta. Por el contrario, si las bandas de Bollinger muestran una compresión y el RSI se encuentra en territorio de sobreventa, mientras que la MACD comienza a formar un cruce alcista (la MACD cruza por encima de la línea de señal), estas señales combinadas podrían indicar una oportunidad de compra madura. Al superponer estos indicadores, se obtiene una perspectiva multidimensional que le ayuda a tomar decisiones informadas que se ajustan a su estrategia.

Plataformas de gráficos

Existen recursos disponibles online para ayudarle con el análisis técnico. Estas plataformas proporcionan gráficos interactivos y acceso a indicadores, patrones y herramientas de dibujo:

- **TradingView**: la herramienta de gráficos más popular para criptomonedas y otras clases de activos. Ofrece gráficos e indicadores en tiempo real.
- **CryptoCompare**: ofrece herramientas de seguimiento de precios y gráficos básicos.
- **Coinigy**: plataforma de trading de criptomonedas todo en uno con integración de gráficos y exchanges.
- **Binance, Coinbase Pro, Kraken**: tienen herramientas de gráficos integradas que funcionan con TradingView o plataformas similares.

6.2 Análisis fundamental: factores económicos y financieros

En el mundo de las criptomonedas, el análisis fundamental va más allá de los gráficos y los patrones. Este tipo de análisis evalúa el valor subyacente y el potencial a largo plazo de un proyecto, teniendo en cuenta factores como los indicadores económicos, la estabilidad financiera, la innovación tecnológica y la confianza del mercado.

Un componente clave de este enfoque es **el análisis financiero**, que ayuda a distinguir entre proyectos bien financiados y sostenibles de aquellos que pueden tener dificultades para sobrevivir una vez que desaparezca el entusiasmo del mercado. Aunque no todos los proyectos criptográficos ofrecen una transparencia total, dedicar tiempo a explorar los datos financieros disponibles le proporciona una ventaja estratégica y le ayuda a identificar los activos con verdadero poder de permanencia. Los proyectos sólidos suelen revelar cómo asignan los recursos, mantienen un gasto sostenible y generan ingresos a través de utilidades reales, como las comisiones por transacción o el staking.

A diferencia de los activos tradicionales, los precios de las criptomonedas están muy influenciados por una combinación de datos tangibles y sentimientos intangibles. **Los indicadores económicos**, como la inflación, los tipos de interés o las cifras de empleo, pueden influir en el comportamiento de los inversores, al igual que lo hacen en los mercados financieros tradicionales. Sin embargo, en el ámbito de las criptomonedas, la confianza de los inversores suele desempeñar un papel aún más importante. La confianza del mercado puede impulsar los precios al alza, mientras que el miedo y la incertidumbre pueden desencadenar rápidas ventas masivas.

Las noticias y los acontecimientos suelen actuar como catalizadores de estas oscilaciones impulsadas por el sentimiento. Los avances normativos, en particular, tienden a tener un impacto significativo. Los anuncios de restricciones más estrictas pueden despertar la preocupación por las cargas de cumplimiento o las limitaciones comerciales, lo que provoca caídas de los precios. Por otro lado, las noticias normativas positivas pueden tranquilizar a los inversores, lo que aumenta la confianza del mercado y el valor de los activos.

Los avances tecnológicos pueden provocar subidas de precios a medida que aumenta el interés de los inversores. Los avances, como la mejora de las características de seguridad, las soluciones escalables de cadena de bloques o las asociaciones con grandes empresas, suelen acaparar los titulares y atraer a nuevos inversores. Estos avances mejoran la utilidad y la credibilidad percibidas de una criptomoneda, lo que conduce a un aumento de la demanda y a un movimiento alcista de los precios.

Incorporar el análisis de noticias a su estrategia de trading implica algo más que reaccionar a los titulares. Es importante evaluar la credibilidad de las fuentes de noticias, dando prioridad a las publicaciones financieras consolidadas y cotejando múltiples medios para verificar la veracidad de las afirmaciones. No todas las noticias tienen el mismo peso, por lo que comprender el impacto histórico en el mercado de anuncios similares puede ayudarle a anticipar mejor los posibles resultados. Por ejemplo, si las medidas reguladoras anteriores provocaron fuertes caídas, noticias similares en el futuro pueden provocar una reacción comparable.

Al integrar este tipo de análisis, los operadores pueden tomar decisiones más informadas y ajustar sus estrategias de forma proactiva. ¿Espera un cambio normativo favorable? Considere la posibilidad de entrar en una posición temprana. ¿Le preocupan las noticias negativas o la incertidumbre de la política gubernamental? Puede ser prudente reducir la exposición. Aunque el análisis de las noticias no garantiza las predicciones, le permite adelantarse a los acontecimientos y responder con agilidad, una habilidad esencial en un mercado tan dinámico y volátil como el de las criptomonedas.

6.3 Aplicación del análisis en situaciones de la vida real

Imagine que está en un partido deportivo y la multitud ruge cuando el equipo menos favorito marca de repente, cambiando el rumbo del partido. Al igual que en los deportes, el mercado de las criptomonedas está lleno de momentos en los que se producen cambios, a menudo impulsados por noticias o tendencias inesperadas. Tomemos, por ejemplo, la importante subida del precio del bitcoin que se produjo cuando se aprobó el primer ETF de bitcoin. No se trató de un repunte aleatorio, sino del resultado de la previsión estratégica de operadores expertos que anticiparon el impacto de la aprobación. Al analizar el sentimiento del mercado y la evolución de la normativa, estos operadores se posicionaron con antelación y compraron bitcoins antes del anuncio oficial. Este enfoque proactivo les permitió sacar partido del posterior aumento del precio, lo que demostró el poder de combinar el análisis técnico y fundamental en situaciones reales.

En otro ejemplo, consideremos el caso de una subida de las altcoins provocada por el anuncio de una importante alianza. Imaginemos que una criptomoneda poco conocida gana repentinamente popularidad debido a una colaboración con una empresa tecnológica líder. Los operadores que siguen con atención las noticias del sector podrían haberse enterado de las conversaciones iniciales sobre dicha asociación y haber empezado a acumular la altcoin desde el principio. Cuando se confirmó y se dio a conocer ampliamente, el aumento del interés por comprar impulsó el precio de la altcoin, recompensando a quienes habían anticipado la reacción del mercado. En ambos casos, la clave no fue solo reaccionar a las noticias, sino predecir su impacto y actuar estratégicamente con antelación.

Para que los operadores apliquen eficazmente el análisis, es fundamental desglosar el proceso de toma de decisiones de forma sistemática. Establecer puntos de entrada y salida es un paso fundamental. Antes de entrar en una operación, determine su punto de entrada objetivo basándose en indicadores técnicos y tendencias del mercado.

Igualmente, importante es identificar una estrategia de salida adecuada, ya sea para asegurar beneficios o reducir pérdidas. Este paso requiere disciplina y adherencia a su plan predeterminado, evitando decisiones impulsivas a causa de las fluctuaciones del mercado. La gestión del riesgo es otra consideración fundamental. Defina qué parte de su portafolio está dispuesto a arriesgar en una sola operación y establezca órdenes de stop loss para limitar las pérdidas potenciales. Al evaluar las relaciones entre riesgo y recompensa, se asegura de que sus operaciones se ajusten a su estrategia general y tolerancia al riesgo.

El análisis de mercado no está exento de retos y limitaciones. Analizar señales contradictorias puede resultar frustrante, ya que los indicadores pueden presentar mensajes confusos que dificultan la toma de decisiones. Es esencial dar prioridad a los indicadores clave y mantener un enfoque claro en la estrategia elegida.

Los cambios repentinos del mercado son otro obstáculo. Los mercados de criptomonedas son conocidos por su volatilidad, y los cambios inesperados pueden trastocar incluso las operaciones mejor estudiadas. La flexibilidad y la adaptabilidad son fundamentales en estas situaciones, ya que le permiten reevaluar su estrategia y cambiar de rumbo cuando sea necesario.

La práctica y la adaptación continuas son las piedras angulares de un análisis de mercado exitoso. La comprobación periódica de sus estrategias con datos históricos puede proporcionar información valiosa sobre su eficacia. Al analizar operaciones pasadas, se identifican los puntos fuertes y débiles, lo que le permite perfeccionar su enfoque.

Mantenerse al día de las tendencias del mercado es igualmente importante. Los mercados de criptomonedas evolucionan rápidamente, con nuevos avances que configuran constantemente el panorama. Al mantenerse al día de las últimas noticias y avances tecnológicos, se posiciona para tomar decisiones informadas y aprovechar las oportunidades emergentes.

Para terminar, los escenarios de la vida real ponen de relieve la naturaleza dinámica del comercio de criptomonedas. Es esencial la capacidad de anticiparse a los cambios del mercado, establecer puntos estratégicos de entrada y salida y adaptarse a los retos. A medida que continúe participando en el mercado, recuerde que cada operación es una oportunidad para aprender y crecer. Su trayectoria es única y, si apuesta por el aprendizaje continuo y la flexibilidad, podrá navegar con confianza por las complejidades del mundo de las criptomonedas. En el siguiente capítulo, profundizaremos en la gestión de riesgos y la protección de sus inversiones, para que esté preparado para cualquier cosa que le depare el mercado.

CAPÍTULO 7

GESTIÓN EFICAZ DEL RIESGO

IMAGÍNESE CAMINANDO por una cuerda floja que está suspendida en el aire. Cada paso requiere concentración, equilibrio y movimientos calculados. Navegar por el mundo del comercio de criptomonedas es muy similar: gestionar el riesgo requiere disciplina y una estrategia bien pensada para mantenerse estable en medio de los giros y vueltas impredecibles del mercado. Una de las herramientas más valiosas a su disposición para gestionar el riesgo es la orden de stop loss. Es una red de seguridad que puede evitar que un pequeño resbalón se convierta en una caída desastrosa. Profundicemos en cómo esta herramienta puede servirle de arnés de seguridad en el volátil mundo de las criptomonedas.

Las órdenes stop loss están diseñadas para limitar las pérdidas potenciales mediante el establecimiento de puntos de salida predeterminados. Piense en ellas como una póliza de seguro para sus inversiones. Cuando el precio de mercado alcanza un precio de activación específico que usted ha establecido, la orden stop loss se activa automáticamente, cerrando la posición para evitar más pérdidas. Esto puede ser especialmente útil en mercados volátiles, donde los precios pueden caer en picada sin previo aviso. Al establecer un stop loss, básicamente está diciendo: «si este barco empieza a hundirse, seré el primero en subir al bote salvavidas». Es una medida proactiva que le proporciona una capa de protección contra importantes reveses financieros y ayuda a que no le tomen desprevenido.

Determinar los niveles adecuados de stop loss es fundamental para que esta estrategia le funcione. Se trata de encontrar el punto óptimo en el que pueda proteger su inversión sin limitar sus ganancias potenciales. Un método común es utilizar stop loss basados en porcentajes. Por ejemplo, puede establecer un stop loss que se active si su activo cae un 10 % desde su precio de compra. Este enfoque es sencillo y fácil de implementar, especialmente para los principiantes. Alternativamente, puede basar su stop loss en los niveles de soporte y resistencia, que son puntos clave de precio por debajo de los cuales un activo tiene dificultades para bajar (soporte) o por encima de los cuales tiene dificultades para subir (resistencia). Al establecer su stop loss justo por debajo de un nivel de soporte, puede evitar vender prematuramente durante una caída temporal del precio.

Como cualquier herramienta, las órdenes de stop loss tienen sus pros y sus contras. Por el lado positivo, le ayudan a evitar las ventas emocionales por pánico, en las que el miedo a la pérdida podría empujarle a tomar decisiones precipitadas. Le permiten mantener la calma y la serenidad, sabiendo que tiene un plan. Sin embargo, una desventaja a tener en cuenta es el riesgo de activar un stop loss durante una caída temporal del mercado. Los mercados pueden ser impredecibles, y una breve caída podría activar su stop loss, solo para que el precio se recupere poco después. Es como un sistema de alarma demasiado cauteloso que se activa al menor indicio de humo, incluso cuando no hay fuego. Ser consciente de estos matices puede ayudarle a establecer puntos de stop loss más eficaces.

Consideremos el caso de un operador que establece un **stop loss dinámico** para proteger sus ganancias. Un stop loss dinámico se mueve con el precio de mercado, manteniendo un porcentaje fijo por debajo del precio máximo alcanzado desde que se abrió la posición. Esto significa que, si el precio sube, el stop loss se ajusta al alza, asegurando las ganancias y permitiendo al mismo tiempo obtener ganancias potenciales. Por el contrario, un **stop loss fijo** puede ser más adecuado para activos de alto riesgo en los que se espera volatilidad. Al establecer un límite firme para las pérdidas potenciales, puede realizar operaciones de alto riesgo con una red de seguridad, sabiendo exactamente dónde se encuentra su punto de salida.

7.1 Estrategias de diversificación para minimizar el riesgo

La diversificación es una estrategia fundamental en la gestión de riesgos, especialmente en el volátil mundo de la inversión en criptomonedas. A diferencia de los mercados tradicionales, las criptomonedas pueden experimentar fluctuaciones extremas de precios que pueden generar ganancias o pérdidas significativas en un corto período de tiempo. Para mitigar estos riesgos, la diversificación entre varias criptomonedas puede ser una estrategia prudente y consiste en repartir la inversión entre diferentes tipos de activos dentro del espacio criptográfico. Esto puede incluir las principales criptomonedas, como Bitcoin y Ethereum, que suelen ser más estables debido a su mayor capitalización bursátil y a su más amplia adopción. Sin embargo, también implica invertir en altcoins más pequeñas y, posiblemente, incluso en tokens asociados a proyectos o sectores específicos. Cada categoría de criptoactivos se comporta de forma diferente en función de las condiciones del mercado, los avances tecnológicos y las noticias sobre regulación, lo que permite equilibrar el rendimiento de la cartera a lo largo del tiempo.

Además, la diversificación no consiste solo en seleccionar diferentes monedas, sino que también incluye tener en cuenta diferentes sectores dentro de la industria de las criptomonedas, como las finanzas (DeFi), la cadena de suministro (logística) y las artes (NFT). Esta diversificación sectorial garantiza que la cartera de un inversor no dependa excesivamente del éxito o el fracaso de un solo sector dentro de la criptoeconomía. Por ejemplo, mientras que las DeFi pueden estar prosperando, otros sectores como los NFT podrían estar enfrentándose a una recesión, y tener inversiones en ambas áreas podría equilibrar el rendimiento general de la cartera. Estos sectores ofrecen oportunidades únicas y pueden proporcionar exposición a diferentes tendencias de crecimiento dentro de la industria criptográfica.

Comprender estas dinámicas es fundamental, especialmente cuando se consideran mecanismos de gestión de riesgos, como el uso de monedas estables. Las monedas estables son especialmente valiosas en la gestión de riesgos y pueden servir de cobertura frente a la volatilidad. Ofrecen una forma de resguardar sus inversiones durante los periodos de gran turbulencia en el mercado sin salir por completo del mercado criptográfico. Por ejemplo, si prevé una recesión del mercado, trasladar una parte de sus activos a monedas estables puede preservar el valor de su cartera hasta que mejoren las condiciones. Este enfoque reduce su exposición a las fluctuaciones del mercado, lo que le permite volver a entrar en él cuando tenga más confianza en la dirección de los precios de los activos.

La diversificación ofrece numerosas ventajas. Puede reducir significativamente la volatilidad, suavizando las subidas y bajadas que a menudo se sienten al invertir. Sin embargo, no está exenta de retos. Un posible inconveniente es la diversificación excesiva, en la que se dispersan demasiado las inversiones. Esto puede diluir sus rendimientos, ya que podría acabar con una amplia gama de activos difíciles de gestionar y controlar. La complejidad de gestionar activos diversos puede resultar abrumadora, especialmente para los principiantes. Es fundamental encontrar un equilibrio entre la diversificación y la concentración, asegurándose de tener un número manejable de inversiones que pueda supervisar y comprender activamente. Este equilibrio le permite aprovechar las ventajas de la diversificación sin verse abrumado por la complejidad.

7.2 Estrategias para evitar decisiones emocionales en el trading

Operar con criptomonedas puede ser una montaña rusa emocional. La volatilidad del mercado a menudo desencadena el miedo y la codicia, lo que lleva a tomar decisiones que no siempre son racionales. Imagine ver cómo el valor de su inversión se desploma en cuestión de minutos. El pánico se apodera de usted y le empuja a vender antes de que las pérdidas se agraven. Esta reacción impulsada por el miedo es común entre los operadores que se enfrentan a mercados volátiles. Por otro lado, está el FOMO (Fear of Missing Out) o «miedo a perderse de algo», que se apodera de usted cuando ve que un activo está subiendo y le preocupa perder la oportunidad de obtener beneficios. Ambos escenarios afectan a sus emociones, lo que puede llevarle a tomar decisiones precipitadas en lugar de decisiones calculadas.

Las emociones, por poderosas que sean, pueden influir significativamente en los resultados de las operaciones. Cuando el miedo toma el control, es posible que se encuentre vendiendo de forma precipitada durante las caídas del mercado, consolidando pérdidas que podrían haberse evitado si hubiera sido paciente y esperado. Por el contrario, la codicia puede llevarle a perseguir las pérdidas, duplicando las inversiones con la esperanza de una rápida recuperación. Este comportamiento impulsivo puede convertirse en un ciclo de malas decisiones, aumentando el riesgo y disminuyendo los rendimientos. El trading emocional a menudo nubla el juicio, alejándole de su estrategia y llevándole a las aguas impredecibles de la especulación. Reconocer estos desencadenantes emocionales es el primer paso para mantener el control; si bien no es tarea fácil, existen estrategias para implementar.

Empiece por crear un diario de trading. Documentar sus operaciones, pensamientos y emociones puede aportarle claridad y ayudar a detectar patrones en su proceso de toma de decisiones. Este autoconocimiento es fundamental para comprender cuándo las emociones influyen en sus decisiones.

Las prácticas de mindfulness y gestión del estrés, como la meditación o los ejercicios de respiración profunda, también pueden ayudarle a mantenerse centrado, reduciendo el impacto de la ansiedad y el miedo. Considere la posibilidad de establecer reglas predefinidas para sus operaciones. Estas reglas actúan como una salvaguarda, guiando sus acciones incluso cuando las emociones amenazan con tomar el control. Al ceñirse a estas reglas, se basa en la lógica en lugar de los impulsos, tomando decisiones basadas en la estrategia y no en las emociones.

Muchos operadores han recorrido este camino y han salido victoriosos al dominar el control emocional. Tomemos, por ejemplo, la historia de un operador que inicialmente luchó contra sus reacciones instintivas ante los cambios del mercado. Al incorporar un diario de operaciones y técnicas de mindfulness, transformó su enfoque, logró consistencia en sus resultados y aprendió el poder de la disciplina y la conciencia de uno mismo en el trading. Aprender de aquellos que han superado con éxito los retos emocionales puede ser inspirador y esclarecedor, demostrando que el control emocional es posible con dedicación y las técnicas adecuadas.

El camino del trading consiste tanto en comprender los mercados como en comprenderse a uno mismo. Al identificar los desencadenantes emocionales y aplicar estrategias para gestionarlos, se puede operar con claridad y confianza. Recuerde, las emociones son una parte natural del trading, pero no tienen por qué dictar sus decisiones. Con práctica y perseverancia, puede entrenarse para reconocer las señales emocionales y responder con un enfoque sensato. El trading es un ámbito en el que la lógica siempre debe prevalecer sobre la emoción, y dominar este equilibrio puede conducir a un mayor éxito y satisfacción en sus actividades de trading.

7.3 Aprender de las pérdidas: convertir los errores en lecciones

En el trading de criptomonedas, las pérdidas son tan inevitables como la salida del sol. Aunque la emoción de las ganancias suele ocupar un lugar central, la realidad es que todos los traders, por muy experimentados que sean, se enfrentan a bajadas. La clave no está en evitar estas pérdidas por completo, sino en aprender de ellas. Considere la curva de aprendizaje en el trading similar al dominio de cualquier nueva habilidad: requiere tiempo, paciencia y estar dispuesto a tropezar, caer y volver a levantarse. Adoptar una mentalidad de crecimiento ante los reveses puede ser transformador. En lugar de ver una pérdida como un fracaso, considérela como un trampolín, una oportunidad para aprender y perfeccionar sus estrategias. Este cambio de perspectiva puede convertir las pérdidas en valiosas lecciones que allanan el camino para futuros éxitos. Después de una operación que no salió según lo previsto, tómese el tiempo necesario para analizar lo que sucedió. ¿Fue un error de cálculo de las tendencias del mercado o quizás una decisión emocional tomada en el calor del momento? El análisis posterior a la operación es crucial en este caso. Al examinar los detalles de cada operación, puede identificar patrones y errores que podrían haber pasado desapercibidos. ¿Compra constantemente en el momento equivocado o vende demasiado pronto? Reconocer estos patrones puede ayudarle a ajustar su enfoque y evitar errores similares en el futuro. Esta reflexión constructiva convierte las pérdidas en una poderosa herramienta de aprendizaje, sentando las bases para mejorar el rendimiento.

Adoptar una mentalidad resiliente es vital en el mundo del trading. Se trata de recuperarse de los reveses con una determinación renovada. Aceptar el fracaso como parte integral del éxito puede liberarle del miedo a cometer errores. Cada pérdida se convierte en una lección, una oportunidad para crecer más fuerte y más sabio. Desarrollar la fortaleza mental le permite soportar los altibajos del trading sin perder la confianza. Se trata de desarrollar la capacidad de adaptarse a las circunstancias cambiantes y persistir incluso cuando las cosas se ponen difíciles. Esta resiliencia separa a los traders exitosos de aquellos que se rinden ante la primera señal de problemas. Es una cualidad que se puede cultivar con el tiempo a través de la experiencia, la reflexión y el compromiso con la mejora continua.

Veamos las historias de operadores que se enfrentaron a pérdidas importantes y, sin embargo, lograron cambiar su suerte. Tomemos, por ejemplo, el caso de un operador que se encontró al borde de la rendición tras una serie de operaciones fallidas. En lugar de abandonar, decidió analizar sus errores, identificar las debilidades de su estrategia y realizar los ajustes necesarios. Gracias a su perseverancia y su voluntad de aprender, finalmente logró un éxito constante.

Este tipo de historias de remontadas no son poco frecuentes. Las figuras públicas del mundo del trading suelen compartir sus experiencias, destacando la importancia de la resiliencia y de aprender de los errores. Estas historias sirven como poderosos recordatorios de que el éxito en el trading no consiste en evitar las pérdidas, sino en utilizarlas como trampolín para alcanzar mayores logros.

7.4 Cuestionario sobre gestión de riesgos: pon a prueba tus conocimientos

¿Has aprendido mucho sobre la gestión de riesgos en las criptomonedas? Ahora es el momento de ver cuánto has asimilado. Este cuestionario le ayudará a consolidar sus conocimientos y a identificar las áreas que quizás quiera revisar. Está diseñado para ser revelador, no intimidatorio, así que respire hondo y empecemos.

Verdadero o falso

1. Una orden de stop loss garantiza que su posición se cerrará al precio que usted establezca, incluso en un mercado muy volátil. (Verdadero / Falso)
2. La diversificación elimina todo el riesgo de inversión. (Verdadero / Falso)
3. Llevar un diario de operaciones puede ayudar a gestionar las emociones, ya que proporciona un registro de las decisiones tomadas en el pasado y sus resultados. (Verdadero / Falso)

Preguntas de opción múltiple

4. ¿Qué hace una orden stop loss si el mercado cae en picada y usted no está delante del ordenador?
   - A) Compra más activos
   - B) Vende el activo a un precio predeterminado
   - C) Le envía una alerta para que compruebe el mercado
5. ¿Cuál de las siguientes estrategias describe mejor la diversificación?
   - A) Invertir solo en Bitcoin
   - B) Distribuir las inversiones entre múltiples criptomonedas
   - C) Mantener solo monedas estables
6. ¿Cuál es un desencadenante emocional común que puede llevar a operaciones impulsivas?
   - A) Seguir un plan bien estudiado
   - B) Miedo a perderse algo (FOMO) en un activo en alza
   - C) Establecer reglas predefinidas

Respuestas y explicaciones

1. Falso
Explicación: Las órdenes stop loss tienen como objetivo limitar las pérdidas, pero no garantizan el precio de salida exacto en mercados volátiles debido al deslizamiento (la diferencia de precio entre el momento en que se coloca la orden y el momento en que se ejecuta).

2. Falso
Explicación: La diversificación reduce el riesgo, pero no lo elimina por completo. Es una forma de gestionar el riesgo, no de eliminarlo.

3. Verdadero
Explicación: Un diario de operaciones ayuda a identificar patrones emocionales y a mejorar la toma de decisiones a través de la autorreflexión.

4. B) Vende el activo a un precio predeterminado
Explicación: Las órdenes stop loss venden automáticamente su activo cuando alcanza un precio específico, lo que ayuda a limitar sus pérdidas.

5. B) Distribuir las inversiones entre múltiples criptomonedas
Explicación: La diversificación significa invertir en una variedad de activos para reducir la exposición al riesgo.

6. B) Miedo a perderse algo (FOMO) en un activo en alza
Explicación: El FOMO a menudo lleva a los operadores a tomar decisiones impulsivas que se alejan desu estrategia planificada.

Reflexiones finales

A medida que navega por el emocionante pero impredecible mundo de las criptomonedas, dominar la gestión de riesgos se convierte en su guía constante. Desde las órdenes de stop loss hasta la diversificación y el control de las emociones, cada estrategia es clave para tomar decisiones de inversión más acertadas. Con una sólida comprensión de estos conceptos, estará mejor preparado para tomar decisiones informadas que se ajusten a sus objetivos financieros.

Recuerde que el mercado de las criptomonedas está en constante evolución, por lo que es esencial mantenerse ágil e informado.

En el siguiente capítulo, profundizaremos en las complejidades de las estrategias de entrada y salida, y en los conocimientos necesarios para sincronizar sus operaciones de forma eficaz y maximizar su potencial de éxito. Sigamos construyendo sobre esta base.

CAPÍTULO 8

ESTRATEGIAS DE ENTRADA Y SALIDA

IMAGINE a un surfista esperando la ola perfecta. Estudia el ritmo del océano y espera pacientemente el momento de remar y surfear la ola hasta la orilla. Identificar el punto de entrada adecuado en el comercio de criptomonedas es como tomar esa ola. El momento es fundamental, ya que entrar a una operación en el momento adecuado puede influir significativamente en sus ganancias potenciales. Entrar demasiado pronto puede hacer que reme sin rumbo fijo, mientras que esperar demasiado puede significar perder la ola por completo. Al perfeccionar sus habilidades para reconocer los puntos de entrada óptimos, se prepara para el éxito en los mares siempre cambiantes de las criptomonedas.

No se puede subestimar la importancia de elegir el momento adecuado para entrar. Al igual que comprar un coche justo antes del lanzamiento de un nuevo modelo puede suponer un sobreprecio, comprar criptomonedas en su punto álgido puede llevar a la decepción cuando los precios bajan. El objetivo es evitar estos picos aprovechando las tendencias del mercado y entrando cuando los precios tienen margen para crecer. Esto requiere un agudo sentido del pulso del mercado y una comprensión de cuándo esperar y cuándo actuar. Al dominar este arte, se posiciona para aprovechar las subidas de precios, maximizando sus ganancias potenciales.

Los indicadores técnicos son herramientas muy valiosas para ayudar a identificar puntos de entrada estratégicos. Las medias móviles, por ejemplo, proporcionan una visión suavizada de las tendencias de los precios a lo largo del tiempo, lo que le ayuda a detectar cuándo una tendencia puede estar revirtiéndose o ganando fuerza. Se produce un cruce de medias móviles cuando una media móvil a corto plazo cruza por encima de una media a largo plazo, lo que sugiere un posible impulso alcista.

Por su parte, los niveles de retroceso de Fibonacci son como hojas de ruta que marcan los posibles niveles de soporte y resistencia basándose en la secuencia matemática de Fibonacci. Estos niveles suelen coincidir con los puntos en los que los operadores esperan que el precio se invierta, lo que ofrece pistas sobre las oportunidades de entrada óptimas.

Los niveles de soporte y resistencia son la base de cualquier estrategia de entrada sólida. El soporte es como una red de seguridad: el nivel en el que los precios suelen dejar de caer y comienzan a subir de nuevo. Por otro lado, la resistencia actúa como un techo, donde el impulso alcista tiende a estancarse y los precios pueden revertirse. Cuando el precio se acerca a un nivel de soporte, puede indicar un posible rebote, lo que lo convierte en un momento oportuno para considerar la compra. Por el contrario, cuando el precio se acerca a la resistencia, podría insinuar una reversión o, en algunos casos, una ruptura hacia nuevos máximos. Reconocer estas zonas le permite sincronizar sus entradas con mayor confianza y precisión.

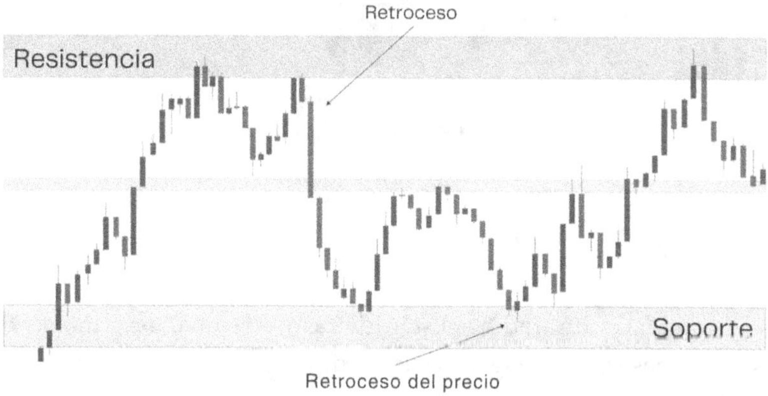

Considere el escenario de consolidación del mercado, en el que los precios se mueven dentro de un rango estrecho, sin subir ni bajar significativamente. Este puede ser un momento ideal para entrar en una operación, ya que a menudo precede a una ruptura en la que los precios se mueven bruscamente en una dirección. Otra estrategia consiste en esperar a que se confirme la inversión de la tendencia. Imagine una tendencia bajista en la que los precios han estado cayendo de forma constante. Utilizando medias móviles y niveles de soporte, podría identificar un punto en el que la tendencia muestra signos de inversión. Entrar después de esta confirmación puede posicionarle para aprovechar la ola de una nueva tendencia alcista.

8.1 Establecer estrategias de salida rentables

Piense en las estrategias de salida como los héroes olvidados de su kit de herramientas de trading. Están detrás de escena, asegurando que sus ganancias se mantengan y sus pérdidas se limiten. Si bien aprovechar los altibajos de una operación es emocionante, saber cuándo bajarse de la montaña rusa es igualmente crucial. Una estrategia de salida bien planificada le ayuda a evitar decisiones precipitadas impulsadas por las emociones. En lugar de dejarse llevar por la emoción o el pánico de las fluctuaciones del mercado, tendrá un plan claro que le guiará en sus próximos movimientos. Esta claridad protege sus ganancias de cambios inesperados en el mercado, lo que le permite respirar tranquilo sabiendo que ha asegurado sus ganancias.

Los indicadores técnicos son herramientas valiosas para determinar cuándo salir de una operación.

El RSI es una herramienta popular que indica cuándo un activo puede estar sobrecomprado, lo que sugiere que es el momento de considerar su venta. Por otro lado, la MACD le ayuda a detectar los cambios de impulso. Al analizar la relación entre dos medias móviles del precio de un activo, la MACD ofrece pistas sobre los cambios en el impulso, lo que puede guiar sus decisiones de salida.

Las órdenes **de stop loss dinámicas (o trailing stop loss)** son otra herramienta poderosa en su arsenal. A diferencia de los stop loss fijos, que permanecen estáticos, los stop loss dinámicos se mueven con el mercado, ajustándose a medida que suben los precios. Esta característica dinámica le permite proteger sus ganancias sin salir prematuramente de una operación. Cuando el mercado se mueve a su favor, el trailing stop loss lo sigue, manteniendo una distancia establecida por debajo del precio de mercado. Si el mercado invierte su dirección, el trailing stop loss se activa, asegurando sus ganancias antes de que se evaporen. En mercados volátiles, esta adaptabilidad puede marcar la diferencia entre una operación rentable y una oportunidad perdida.

Considere un escenario en el que un operador entra en una posición cuando un activo se acerca a un nivel de resistencia. A medida que el precio sube y se acerca a este nivel, el operador establece un trailing stop loss para asegurar las ganancias. Si el precio sigue subiendo, el trailing stop loss lo sigue, asegurando que se obtengan beneficios. Sin embargo, si el precio alcanza la resistencia y se invierte, el stop loss se activa, protegiendo al operador de pérdidas adicionales.

Otra estrategia de salida eficaz consiste en vender durante el agotamiento alcista. Cuando un activo ha experimentado una tendencia alcista prolongada, pueden aparecer signos de agotamiento, como la disminución del volumen o patrones de velas bajistas. Reconocer estas señales y salir antes de que la tendencia se invierta ayuda a preservar las ganancias y minimiza la exposición a las caídas.

A medida que adquiera experiencia en el trading, una forma útil de reforzar su comprensión de las estrategias de salida es reflexionar sobre operaciones pasadas. Piense en las ocasiones en las que salió con éxito de una operación y en los factores que influyeron en su decisión. ¿Hubo algún indicador específico o condición del mercado que le guiara? Por el contrario, piense en las operaciones en las que una estrategia de salida podría haber salido mejor. Al analizar estas experiencias, puede perfeccionar su enfoque y aumentar su confianza a la hora de establecer salidas rentables. Recuerde que las estrategias de salida no solo sirven para maximizar las ganancias, sino también para gestionar el riesgo y mantener el control sobre sus actividades de trading.

8.2 Sincronizar el mercado: mitos frente a realidad

En el mundo del comercio de criptomonedas, existe un atractivo tentador en la idea de sincronizar perfectamente el mercado. Es el sueño de comprar barato y vender caro, actuando en el momento justo para maximizar las ganancias. Pero seamos claros: esta noción de sincronización perfecta es esencialmente un mito. La creencia de que se pueden predecir de manera consistente los movimientos del mercado con precisión milimétrica es una idea errónea que a menudo se ve alimentada por el sesgo retrospectivo. Recuerde que los mercados son intrínsecamente impredecibles, ya que se ven influidos por innumerables factores, desde cambios económicos hasta acontecimientos geopolíticos. Incluso los operadores más experimentados, con años de experiencia y conocimientos a sus espaldas, a menudo se ven sorprendidos por giros inesperados del mercado.

Intentar sincronizar el mercado a la perfección no solo es un reto, sino que también es muy estresante. La presión constante de predecir el siguiente movimiento puede provocar estrés psicológico y agotamiento. Para muchos, la montaña rusa emocional de ganancias y pérdidas se vuelve abrumadora, nublando el juicio y llevando a decisiones impulsivas. Además, los acontecimientos externos, como los cambios normativos o las crisis mundiales, pueden afectar a los movimientos del mercado de formas difíciles de prever. Estos factores dejan claro que intentar sincronizar el mercado a menudo puede dar lugar a comprar caro y vender barato, lo contrario de lo que los operadores aspiran a conseguir.

Dados los retos, muchos operadores recurren a estrategias alternativas que se centran en el éxito a largo plazo en vez del timing a corto plazo. Un enfoque popular es **el promedio del coste en dólares**, en el que se invierte una cantidad fija a intervalos regulares, independientemente de las subidas y bajadas del mercado. Este método reduce el impacto de la volatilidad del mercado y ayuda a mitigar los riesgos asociados con intentar sincronizar perfectamente los puntos de entrada.

Otra estrategia es **la inversión en valor**, que consiste en comprar activos que están infravalorados por el mercado y mantenerlos hasta que se reconozca su valor intrínseco. Este enfoque se centra menos en el momento oportuno y más en comprender el potencial a largo plazo de un activo.

Las técnicas de seguimiento de tendencias, en las que los operadores se suman a las tendencias existentes del mercado en lugar de anticipar los cambios de tendencia, también ofrecen una forma de alinearse con el impulso del mercado sin necesidad de acertar con el momento perfecto.

Escuchar a operadores experimentados puede proporcionar información valiosa para navegar por las complejidades del mercado. Muchos operadores experimentados enfatizan la importancia de la paciencia, la disciplina y en mantener una perspectiva de largo plazo. Aprender de los errores del mercado es otra lección clave. Los operadores que han experimentado pérdidas significativas a menudo señalan los peligros de confiar únicamente en estrategias de sincronización, abogando por carteras diversificadas y prácticas sólidas de gestión de riesgos.

En última instancia, el timing del mercado se trata más de un arte que de una ciencia: lleno de retos e incertidumbres. Intentar predecir cada giro y cambio del mercado puede llevar a la frustración y a las pérdidas. Si se centra en estrategias probadas, como el promedio del coste en dólares y la inversión en valor, junto con los conocimientos de quienes han navegado por estas aguas, podrá cambiar su enfoque hacia un objetivo alcanzable a largo plazo.

8.3 Adaptar las estrategias a los cambios del mercado

En el dinámico mundo del comercio de criptomonedas, la flexibilidad y la adaptabilidad son sus mejores aliados. Imagine que intenta navegar por un río de corriente rápida; permanecer rígido solo le llevará a ser arrastrado. En cambio, debe ser receptivo y ajustar su postura con cada giro y cambio. Así es como los operadores deben abordar las condiciones cambiantes del mercado.

El panorama de las criptomonedas es conocido por su volatilidad, con precios influenciados por muchos factores. Como operador, la capacidad de pivotar y modificar sus estrategias en respuesta a estos cambios puede marcar la diferencia entre el éxito y el fracaso.

Evaluar las condiciones del mercado implica algo más que echar un vistazo a los gráficos de precios, ya que requiere una comprensión exhaustiva de diversos indicadores macroeconómicos y de cómo influyen estos en los mercados de criptomonedas. Por ejemplo, los cambios en los tipos de interés, los datos de inflación o los acontecimientos geopolíticos pueden afectar al sentimiento de los inversores y a la dinámica del mercado. Si se siguen de cerca estos indicadores, se pueden predecir mejor los posibles cambios del mercado y ajustar las estrategias de trading en consecuencia.

Evaluar el sentimiento del mercado es igualmente importante. El sentimiento se puede medir a través de los medios de comunicación, las conversaciones en las redes sociales e incluso el tono de las declaraciones públicas de figuras influyentes. Un aumento del sentimiento positivo podría indicar un mercado alcista, mientras que un sentimiento negativo podría señalar una inminente caída.

Se pueden emplear varias técnicas para perfeccionar y alinear sus estrategias con la dinámica actual del mercado. Un método eficaz es **el backtesting**, en el que se aplica una estrategia sobre datos históricos para ver cómo habría funcionado. Esto le permite ajustar y optimizar su enfoque basándose en escenarios reales sin arriesgar capital real.

La incorporación **de bucles de retroalimentación** es otra técnica valiosa. Se crea un ciclo de mejora continua, revisando constantemente sus operaciones y resultados y aprendiendo de los éxitos y los fracasos.

El desarrollo iterativo de estrategias consiste en realizar ajustes graduales en su plan de trading, probar el impacto de cada cambio y perfeccionar su enfoque de manera estructurada. Esta adaptabilidad garantiza que sus estrategias sigan siendo relevantes y eficaces en un mercado en constante evolución.

Existen numerosas historias de operadores que han adaptado con éxito sus estrategias para prosperar en medio de los cambios del mercado.

Tomemos el caso de un operador que logró dar un giro durante un mercado bajista. Inicialmente, se centró en posiciones largas, pero rápidamente se dio cuenta de que el mercado estaba cambiando de tendencia. Al analizar los indicadores macroeconómicos y el sentimiento, pasó a posiciones cortas y cubrió sus inversiones, minimizando las pérdidas e incluso obteniendo beneficios. Otro ejemplo es el de un operador que ajustó sus estrategias en respuesta a las nuevas regulaciones. Cuando un país anunció regulaciones estrictas sobre las criptomonedas, este operador diversificó su cartera e invirtió en activos menos afectados por el entorno regulatorio. Al mantenerse informado y ser flexible, navegó por aguas turbulentas y salió más fuerte y sabio.

Estos ejemplos ponen de relieve la importancia de la adaptabilidad y las ventajas de aprender de quienes han superado con éxito retos similares. En un mundo en el que las condiciones del mercado pueden cambiar en un abrir y cerrar de ojos, tener la capacidad de pivotar y ajustar sus estrategias es invaluable. Cultivar esta flexibilidad puede mejorar su experiencia comercial, aumentando las posibilidades de alcanzar sus objetivos financieros.

8.4 Cuestionario sobre entrada y salida: ponga a prueba sus conocimientos

A medida que navega por el dinámico mundo del trading de criptomonedas, su capacidad para identificar eficazmente los puntos de entrada y salida puede marcar una diferencia significativa en los resultados de sus operaciones. Es hora de poner a prueba sus nuevos conocimientos con un cuestionario diseñado para reforzar los conceptos y estrategias clave tratados en el capítulo. Considere cada pregunta cuidadosamente, basándose en los conocimientos que ha adquirido hasta ahora.

Verdadero o falso

1. Los niveles de soporte y resistencia pueden indicar posibles puntos de entrada al señalar dónde podrían revertirse las tendencias del mercado. (Verdadero/Falso)
2. Las órdenes de stop loss dinámicas permanecen fijas y no se mueven con el mercado. (Verdadero/Falso)

3. Vender durante el agotamiento alcista puede ayudar a asegurar las ganancias antes de que se invierta la tendencia. (Verdadero/Falso)
4. Calcular perfectamente cada movimiento del mercado es esencial para operar con éxito. (Verdadero/Falso)

Preguntas de opción múltiple

5. ¿Qué herramienta se utiliza habitualmente para identificar posibles puntos de entrada mediante el análisis de las tendencias de los precios a lo largo del tiempo?
   - A) Bandas de Bollinger
   - B) Medias móviles
   - C) Volumen en equilibrio
6. ¿Cuándo puede ser beneficioso un nivel de retroceso de Fibonacci en el trading?
   - A) Para determinar el precio futuro exacto de un activo
   - B) Para anticipar posibles niveles de reversión basándose en movimientos de precios anteriores
   - C) Para predecir las variaciones diarias del precio
7. ¿Qué indicador técnico podría señalar que un activo está sobrecomprado y que es el momento de plantearse salir de una operación?
   - A) Volumen en equilibrio
   - B) Convergencia/divergencia de la media móvil (MACD)
   - C) Índice de fuerza relativa (RSI)
8. ¿Cuál de los siguientes elementos puede ayudar a los operadores a perfeccionar sus estrategias en respuesta a los cambios del mercado?
   - A) Ignorar el sentimiento del mercado
   - B) Las estrategias de backtesting
   - C) Confiar únicamente en las corazonadas

Respuestas y explicaciones

1. Verdadero

Explicación: Los niveles de soporte y resistencia son fundamentales para identificar los puntos de entrada basados en sobre el comportamiento del mercado.

2. Falso

Explicación: Las órdenes de stop loss dinámicas se ajustan a los movimientos del mercado, lo que ayuda a proteger los beneficios de forma dinámica.

3. Verdadero

Explicación: Reconocer las señales de agotamiento alcista puede ayudar a los operadores a asegurar las ganancias antes de que el mercado cambie.

4. Falso

Explicación: Intentar sincronizar perfectamente el mercado no es realista y puede provocar estrés y tomar decisiones erróneas.

5. B) Medias móviles

Explicación: Las medias móviles son cruciales para detectar tendencias y posibles reversiones.

6. B) Anticipar posibles niveles de reversión basándose en movimientos de precios anteriores

Explicación: Los niveles de retroceso de Fibonacci ayudan a los operadores a detectar áreas en las que los precios podrían rebotar.

7. C) Índice de fuerza relativa (RSI)
Explicación: El RSI es una herramienta útil para detectar condiciones de sobrecompra.

8. B) Estrategias de backtesting
Explicación: Las pruebas retrospectivas permiten a los operadores probar y perfeccionar sus estrategias utilizando datos históricos.

Reflexiones finales

Este cuestionario es solo un paso más en su camino para convertirse en un operador más seguro e informado. Comprender las estrategias de entrada y salida es fundamental, pero es solo una parte del panorama general del comercio de criptomonedas. A medida que continúe familiarizándose con el material y aplicando estos conceptos, se encontrará mejor preparado para navegar por los mercados.

Al cerrar este capítulo, recuerde que el trading es tanto un arte como una ciencia. Las habilidades que ha aprendido aquí le serán muy útiles a medida que avance, pero la flexibilidad y el aprendizaje continuo son fundamentales.

A continuación, veremos otro componente crítico del viaje por el mundo de las criptomonedas: la protección de sus inversiones. Porque, por muy hábil que sea leyendo gráficos o calculando el momento adecuado para entrar en el mercado, nada de eso importa si sus activos no están seguros.

CAPÍTULO 9
SEGURIDAD Y PREVENCIÓN DE ESTAFAS

IMAGINE que entra en un bullicioso mercado lleno de comerciantes, cada uno de los cuales le promete la mejor oferta que pueda imaginar. El bullicio y la emoción son palpables, pero también lo son las advertencias de los comerciantes experimentados: tenga cuidado con los estafadores que se mezclan entre la multitud. En el mundo de las criptomonedas, identificar las estafas es como detectar a un lobo con piel de cordero. A medida que se mueva por este mercado digital, es fundamental reconocer las señales de engaño que pueden llevarle a la ruina financiera.

9.1 Identificación de estafas comunes con criptomonedas

Las estafas con criptomonedas son tan variadas como tortuosas, y se aprovechan de los incautos con promesas demasiado buenas como para ser ciertas. Entre las más infames se encuentran **los esquemas Ponzi**, en los que a los primeros inversores se les paga los rendimientos con fondos de los nuevos participantes en lugar de hacerlo con beneficios reales. Estrechamente relacionados con ellos están **los esquemas piramidales**, que dependen de la captación constante de nuevos miembros para mantener el flujo de dinero. Ambos prosperan gracias a la ilusión de la rentabilidad, pero inevitablemente se derrumban cuando se agotan las nuevas inversiones.

Un caso muy conocido fue la estafa de BitConnect, que atrajo a los usuarios con la promesa de rendimientos garantizados, solo para desmoronarse de forma espectacular, dejando al descubierto el fraude y a innumerables víctimas en la ruina financiera.

Otra estafa muy extendida es la **oferta inicial de monedas** (ICO) **falsa**, en la que los estafadores crean una criptomoneda o un proyecto de cadena de bloques falso, para solicitar inversiones. A menudo despliegan ingeniosas campañas de marketing, con libros blancos y sitios web de aspecto profesional, para atraer a inversores desprevenidos. Sin embargo, una vez que han recaudado fondos suficientes, estos estafadores desaparecen, dejando tras de sí un rastro de promesas incumplidas y billeteras vacías. El entusiasmo inicial por participar en la fase inicial de la próxima gran novedad ciega a muchos ante la evidente falta de transparencia e información verificable, señales de alarma clave de que algo no va bien.

Los ataques de phishing representan otra amenaza común, en la que los estafadores se centran en las credenciales de su billetera. Estos ataques suelen presentarse en forma de correos electrónicos o mensajes que parecen provenir de exchanges de criptomonedas o proveedores de billeteras legítimos. Le engañan para que revele sus claves privadas o credenciales de inicio de sesión, lo que les permite acceder a sus activos digitales. La sensación de urgencia de estos mensajes, junto con el uso de logotipos y marcas oficiales, puede engañar fácilmente incluso a los más cautelosos. Pero recuerde: *ninguna empresa legítima le pedirá nunca sus claves privadas o contraseñas.* Verifique siempre la autenticidad del remitente y del sitio web antes de introducir información confidencial.

Las tácticas utilizadas por los estafadores comparten rasgos comunes diseñados para engañar a sus víctimas: prometen altos rendimientos garantizados, apelando al deseo de prosperidad que todos llevamos dentro. Después de todo, ¿quién no querría duplicar o triplicar su inversión rápidamente? Sin embargo, como dice el viejo refrán: «si algo parece demasiado bueno para ser verdad, probablemente no lo sea».

Los estafadores se valen de la sensación de urgencia y presión, creando una falsa sensación de FOMO. Esta manipulación psicológica explota el deseo humano de aprovechar las oportunidades antes de que desaparezcan, empujándole a actuar rápidamente sin pensar las cosas detenidamente.

Otra táctica es generar confianza mediante testimonios o recomendaciones falsos. A menudo verá historias inventadas de personas que supuestamente se han hecho ricas, con sus fotos y críticas entusiastas. Esto crea una sensación de legitimidad y seguridad, lo que induce a las víctimas potenciales a una ilusoria sensación de seguridad. Sin embargo, una rápida investigación sobre dichos perfiles asociados a estos testimonios puede revelar su naturaleza fraudulenta. Las oportunidades de inversión genuinas no dependen de tales trucos para atraer a los inversores.

Entonces, ¿cómo protegerse de estas estafas? La clave está en estar alerta y actuar con la debida diligencia. Antes de lanzarse a cualquier oportunidad de inversión, realice una investigación exhaustiva. Examine el documento del proyecto, analice al equipo que hay detrás y busque reseñas y opiniones de terceros. Compruebe si el proyecto está registrado en los organismos reguladores pertinentes, ya que la falta de cumplimiento es una señal de alarma importante. Los proyectos legítimos no tienen nada que ocultar y comparten abiertamente información sobre sus operaciones, objetivos y retos.

9.2 Medidas para prevenir las estafas

- **Investigue el proyecto**: compruebe el informe técnico, las credenciales del equipo y la presencia online.
- **Verifique el cumplimiento normativo**: confirme el registro ante las autoridades financieras.
- **Busque opiniones de terceros**: haga análisis sobre opiniones independientes.
- **Desconfíe de las promesas de altos rendimientos**: cuestione cualquier garantía de beneficios.

- **Compruebe si hay tácticas de urgencia**: tenga cuidado con las ofertas por tiempo limitado y la presión para realizar una inversión.
- **Investigue los testimonios**: verifique la autenticidad de los avales y las historias de éxito.

Manteniéndose informado y siendo escéptico, podrá navegar por el panorama de las criptomonedas con confianza. Recuerde que el mundo digital está lleno de potencial, pero también de trampas. Su mejor defensa es el conocimiento, junto con una dosis saludable de escepticismo.

9.3 Fortalecimiento de las medidas de seguridad para los activos digitales

Imagine sus activos digitales como si fueran un cofre del tesoro lleno de objetos valiosos que podrían cambiar tu futuro. Del mismo modo que no dejaría dicho cofre sin vigilancia, tampoco debería dejar sus criptomonedas expuestas a amenazas. El mundo digital está plagado de riesgos, y sin unas prácticas de seguridad sólidas, sus activos son vulnerables. Es fundamental evitar el acceso no autorizado. Piense en ello como cerrar la puerta de su casa con llave antes de salir: es un paso fundamental para proteger lo que es suyo. Sin embargo, con las monedas digitales, no basta con cerrar la puerta con llave. También debe proteger su información personal, asegurándose de que nadie pueda suplantar su identidad o acceder a sus activos. Aquí es donde entran en juego los protocolos de seguridad robustos.

En el panorama de la seguridad digital (en constante evolución), las herramientas y técnicas avanzadas son sus aliadas. Las **billeteras multifirma** son una opción potente para añadir protección. Requieren múltiples aprobaciones para que se pueda completar una transacción (de forma muy similar a como se necesitan dos llaves para abrir una caja fuerte). Esto significa que, incluso si una de las llaves se ve comprometida, sus activos siguen estando seguros.

Por su parte, **las soluciones de almacenamiento en frío** ofrecen una opción de almacenamiento seguro para las tenencias a largo plazo. Al mantener sus activos offline, los protege de las amenazas online. Es como guardar sus tesoros en una caja fuerte en lugar de hacerlo en un monedero.

Los HSM (Hardware Security Module) o «módulos de seguridad de hardware» son dispositivos de hardware que se utilizan para generar, almacenar y gestionar claves criptográficas de forma segura. Proporcionan una capa adicional de defensa y son una excelente opción para aquellos que se toman en serio la seguridad de su patrimonio digital.

Las **auditorías de seguridad periódicas** son una parte fundamental (aunque a menudo pasada por alto) del mantenimiento de la seguridad de los activos digitales. Imagínelas como revisiones rutinarias de su cofre del tesoro, que garantizan que todas las cerraduras y alarmas funcionan correctamente. Realizar **evaluaciones de seguridad personales** ayuda a identificar cualquier punto débil en sus defensas. Es como comprobar que las ventanas y puertas de su casa estén bien cerradas. Contratar a empresas de seguridad profesionales puede ser muy útil para identificar vulnerabilidades que usted podría haber pasado por alto.

Para reforzar su seguridad digital, considere también la posibilidad de implementar algunas mejoras personales clave. **Habilitar la autenticación de dos factores** (2FA) es una medida sencilla pero eficaz. Es como añadir una segunda cerradura a su puerta, que requiere tanto de una contraseña como de un código de un solo uso para acceder.

Actualizar regularmente el software y el firmware es otra medida crucial. Del mismo modo que no ignoraría un aviso de retirada de su coche, no debe ignorar las actualizaciones de sus herramientas digitales. Estas actualizaciones suelen incluir parches para vulnerabilidades conocidas.

El uso **de canales de comunicación cifrados** (por ejemplo, Signal, WhatsApp o correo electrónico seguro) puede proteger aún más su información. Es como hablar en un código que solo usted y su destinatario entienden, manteniendo sus comunicaciones a salvo de miradas indiscretas.

9.4 Guía para mejorar la seguridad personal

- **Habilite la autenticación de dos factores (2FA)**: esto requiere una segunda forma de verificación y añade una capa adicional de protección.
- **Actualizaciones periódicas de software**: mantenga todo su software y firmware actualizado para corregir vulnerabilidades.
- **Canales de comunicación cifrados**: utilice cifrado de extremo a extremo o servicios de correo electrónico seguro para proteger sus comunicaciones.
- **Auditorías de seguridad periódicas:** evalúe regularmente sus medidas de seguridad y aborda las posibles vulnerabilidades.
- **Soluciones de almacenamiento en frío**: almacene sus activos a largo plazo offline para protegerse contra las amenazas online.
- **Billeteras con múltiples firmas**: requieren múltiples aprobaciones de transacciones, lo que añade una capa adicional de seguridad.
- **HSM**: utilice la seguridad a nivel de hardware para proteger los activos digitales.

En esta era digital, sus medidas de seguridad deben ser tan dinámicas y adaptables como las amenazas a las que se enfrenta. Al implementar estas estrategias y revisar periódicamente sus defensas, podrá proteger sus activos digitales frente a los numerosos retos que plantea el mundo de las criptomonedas.

9.5 Ejemplos reales de estafas y cómo evitarlas

Imagine la sensación de ver cómo el dinero que tanto le ha costado ganar se esfuma. Esta es la cruda realidad a la que se enfrentaron muchos inversores durante algunas de las estafas más infames relacionadas con las criptomonedas. Estos ejemplos de la vida real sirven como advertencia y como experiencia de aprendizaje para cualquiera que se aventure en el mundo de los activos digitales.

Uno de los incidentes más notorios y devastadores en la historia de las criptomonedas fue el hackeo del exchange Mt. Gox. En su apogeo, Mt. Gox era un gigante en el mundo de las criptomonedas, ya que gestionaba aproximadamente el 70 % de todas las transacciones globales de Bitcoin. Para muchos de los primeros usuarios, era la principal puerta de entrada a las criptomonedas: fiable, ampliamente utilizada y considerada la columna vertebral del comercio de bitcoins. Sin embargo, esa confianza se rompió de forma catastrófica en 2014 cuando el exchange sufrió un enorme ataque a su seguridad. Aproximadamente 850.000 bitcoins, por el valor de cientos de millones de dólares en ese momento (y exponencialmente más hoy en día) fueron robados y desaparecieron sin dejar rastro. El hackeo no solo paralizó a la plataforma, sino que conmocionó a toda la comunidad criptográfica. Puso de manifiesto graves deficiencias en su infraestructura de seguridad y la inquietante falta de supervisión interna, transparencia y controles financieros básicos. Para muchos usuarios, las consecuencias fueron devastadoras desde el punto de vista financiero: algunos perdieron los ahorros de toda su vida o la totalidad de sus carteras de criptomonedas de la noche a la mañana, sin apenas posibilidad de recurso.

El desastre de Mt. Gox se convirtió en una llamada de atención para el sector, subrayando los riesgos inherentes al almacenamiento de activos digitales en plataformas centralizadas. Puso de relieve la importancia de la educación de los usuarios, la solidez de los protocolos de ciberseguridad y la necesidad de mejorar los marcos normativos para proteger a los inversores. Hasta el día de hoy, Mt. Gox sirve como ejemplo aleccionador, un recordatorio permanente de que, si bien la promesa de las criptomonedas es revolucionaria, no está exenta de riesgos.

Otro caso alarmante fue la estafa piramidal de OneCoin. Comercializada como una criptomoneda revolucionaria, OneCoin afirmaba ser la próxima gran novedad y prometía rendimientos sin precedentes. Sin embargo, la realidad distaba mucho de estas afirmaciones. Se trataba de una clásica estafa piramidal, en la que a los inversores iniciales se les pagaba con los fondos de los nuevos inversores. Sin una cadena de bloques ni una criptomoneda reales que la respaldara, OneCoin era todo humo y espejos. Los líderes de la estafa, entre ellos Ruja Ignatova, que se autodenominaba la «Cryptoqueen», se aprovecharon de la confianza de la gente imponiendo una imagen de autoridad y una jerga compleja para confundir y engañar a miles de personas en todo el mundo. La operación acabó colapsando, lo que provocó detenciones y batallas legales que aún continúan. Las víctimas se quedaron no solo en la ruina financiera, sino también con el desgaste emocional de haber sido engañadas por lo que creían que era una inversión legítima.

El colapso de BitConnect es otro claro recordatorio de los peligros que acechan en el mundo de las criptomonedas. BitConnect prometía altos rendimientos garantizados a través de un programa de préstamos, en el que los inversores cambiaban bitcoins por Bitconnet coins (BCC). Los promotores hacían presentaciones llamativas y mostraban testimonios falsos para atraer a inversores desprevenidos. Pero todo era un espejismo. La plataforma funcionaba como un esquema Ponzi, utilizando nuevas inversiones para pagar los rendimientos a los primeros inversores, creando una ilusión de rentabilidad. Cuando el esquema se desmoronó en 2018, el valor de las BCC se desplomó y los inversores se enfrentaron a enormes pérdidas. Las consecuencias fueron inmensas, con acciones legales contra los fundadores y promotores, incluyendo cargos por fraude y conspiración.

Estas estafas tienen un denominador común: se aprovechan de la confianza y la autoridad. Los estafadores suelen hacerse pasar por expertos del sector o aprovechar el respaldo de famosos para ganar credibilidad. Crean complejas capas de operación que parecen legítimas desde fuera, pero que, al examinarlas más de cerca, revelan inconsistencias y falta de transparencia. Esta complejidad está diseñada para confundir a los posibles inversores, lo que dificulta discernir la verdad. Como se ve en estos casos, las consecuencias para las víctimas son devastadoras. Las pérdidas económicas son solo un aspecto. Muchos se enfrentan a retos legales al intentar recuperar sus fondos, mientras que otros lidian con el impacto emocional de haber sido estafados. La confianza, una vez rota, es difícil de restañar, y el estigma de ser una víctima puede perdurar.

Sin embargo, estas historias no son solo advertencias, sino que también proporcionan valiosas lecciones. Una de las formas más eficaces de evitar caer en estafas es abordar cada oportunidad con ojo crítico. Cuando una oportunidad parece demasiado buena para ser verdad, vale la pena dar un paso atrás y examinar los detalles. Empiece por analizar el informe técnico del proyecto, revise su modelo de negocio y conozca al equipo que hay detrás. La transparencia es un indicador clave de legitimidad: las empresas confiables suelen ser abiertas sobre su estructura, sus objetivos y su situación normativa. Busque signos de cumplimiento, como el registro ante las autoridades financieras y canales de comunicación claros.

Un consejo útil de la Comisión Federal de Comercio (ftc.gov) es que antes de invertir realice una búsqueda rápida en Internet utilizando el nombre de la criptomoneda, la empresa o el fundador, junto con términos como «estafa», «queja» o «reseña». Este sencillo paso puede revelar patrones preocupantes o experiencias de usuarios que no son evidentes a primera vista. En el mundo de las criptomonedas, donde la innovación avanza rápidamente y la regulación suele ir a la zaga, hacer las comprobaciones oportunas es la mejor forma de protegerse.

Aprender de los errores del pasado también fomenta la resiliencia. Comprender cómo funcionan estas estafas le permite desarrollar estrategias para reconocer las señales de alerta desde el principio. Este conocimiento le permite tomar decisiones informadas, lo que reduce el riesgo de ser víctima de estafas similares. El panorama de las criptomonedas está evolucionando, y estar informado es su mejor defensa contra el fraude. Si bien el mundo digital ofrece oportunidades interesantes, es fundamental navegar por él con precaución y conciencia, así como también asegurarse de que sus inversiones sean seguras y sólidas.

A medida que avance, tenga en cuenta estas lecciones y utilícelas para guiar sus decisiones, protegiéndose de las trampas que han engañado a muchos.

En el próximo capítulo, exploraremos la importancia de mantenerse informado y conectado dentro de la comunidad de las criptomonedas, ya que el conocimiento y la colaboración son componentes clave para prosperar en este entorno dinámico.

CAPÍTULO 10
MANTENERSE INFORMADO Y CONECTADO

IMAGINA el mercado de las criptomonedas como una carrera veloz, en la que la pista cambia cada poca vuelta y se incorporan nuevos competidores sin previo aviso.

Mantenerse informado no solo consiste en seguir el ritmo, sino en anticiparse a esos giros y vueltas antes de que ocurran. Tanto si es un operador experimentado como si acaba de iniciar su camino en el mundo de las criptomonedas, es fundamental comprender las tendencias y novedades del mercado. Esta información le ayudará a tomar decisiones de trading más inteligentes, detectar oportunidades emergentes y evitar posibles trampas. El mundo de las criptomonedas es dinámico, y mantenerse al día de las últimas novedades puede guiarle a la hora de tomar decisiones de inversión oportunas y fundamentadas.

Seguir las tendencias del mercado significa que siempre está un paso por delante, listo para aprovechar nuevas oportunidades antes de que se conviertan en algo habitual. Cuando anticipa los movimientos del mercado, se posiciona para tomar decisiones estratégicas que se alinean con sus objetivos de inversión. Por ejemplo, comprender cuándo una criptomoneda en particular está ganando terreno le permite invertir temprano, lo que podría maximizar sus ganancias. Del mismo modo, identificar cuándo el mercado se está enfriando le da la oportunidad de proteger sus inversiones reasignando sus activos u obteniendo ganancias. Al mantenerse informado, se convierte en un participante proactivo en el mercado en lugar de un observador reactivo, lo que mejora su capacidad para navegar por el panorama criptográfico en constante cambio.

Para estar al día, necesita acceder a información fiable y oportuna. Afortunadamente, existen varias plataformas dedicadas a proporcionar las últimas novedades y tendencias en el ámbito de las criptomonedas.

CoinDesk y **Cointelegraph** son dos medios de comunicación de renombre que cubren una amplia gama de temas, desde los principales movimientos del mercado hasta los cambios normativos. Estas plataformas ofrecen análisis en profundidad y opiniones de expertos que le ayudan a comprender el contexto general del mercado.

Por su parte, las redes sociales como **Twitter** y **Reddit** ofrecen actualizaciones en tiempo real y debates comunitarios, donde puede evaluar el sentimiento del mercado y aprender de otros inversores.

Los blogs y boletines de análisis de mercado, como los de **Bankless**, se centran en áreas específicas como las finanzas descentralizadas (DeFi) y ofrecen información que puede no aparecer en las noticias generales.

Sin embargo, la gran cantidad de información disponible puede resultar abrumadora, por lo que es fundamental filtrar. Para ello, configure alertas de noticias de las criptomonedas específicas que le interesan, asegurándose de recibir actualizaciones relevantes sin verse bombardeado por información irrelevante.

Seguir a analistas e influencers de renombre que tengan un historial de predicciones acertadas también puede proporcionarle información valiosa. Estos expertos suelen compartir sus análisis y previsiones, lo que le permite vislumbrar los posibles giros del mercado. Si se centra en fuentes y expertos fiables, podrá crear un *feed* de información seleccionada que mejore su comprensión sin abrumarle.

Los indicadores clave del mercado actúan como señales que le ayudan a evaluar la situación actual del mercado y anticipar las tendencias futuras. Es esencial supervisar las fluctuaciones del volumen de operaciones, ya que los aumentos o disminuciones repentinos pueden significar cambios en el interés de los inversores o en la confianza del mercado. Los volúmenes de negociación elevados suelen indicar una fuerte actividad del mercado, lo que puede dar lugar a movimientos de precios, mientras que los volúmenes bajos pueden sugerir una consolidación o una falta de interés. Las herramientas de análisis del sentimiento, que realizan un seguimiento de las menciones en las redes sociales y una cobertura de las noticias, proporcionan información sobre cómo se siente el mercado respecto a determinadas criptomonedas. El sentimiento positivo suele preceder a las subidas de precios, mientras que el sentimiento negativo puede indicar posibles caídas. Al supervisar estos indicadores, puede tomar decisiones informadas sobre cuándo entrar o salir de posiciones, optimizando su estrategia de inversión.

Sección de reflexión: mantenerse a la vanguardia

Tómese un momento para considerar su enfoque actual para mantenerse informado. Reflexione sobre las fuentes en las que confía y la eficacia con la que satisfacen sus necesidades. Anote tres fuentes fiables que piense seguir regularmente y anote cualquier ajuste que desee realizar en su estrategia de recopilación de información. Este ejercicio le ayudará a perfeccionar su enfoque y a mantenerse conectado con la información más relevante y valiosa del mercado de las criptomonedas.

10.1 Unirse a comunidades de criptomonedas para obtener apoyo

Participar en comunidades de criptomonedas ofrece una experiencia única. Imagine entrar a una sala llena de personas que comparten sus intereses, dispuestas a intercambiar ideas, ofrecer consejos y a debatir sobre los movimientos del mercado. Estas comunidades proporcionan un espacio para conectar con personas afines que comprenden tanto la emoción como los retos de navegar por el mundo de las criptomonedas. Es más que simplemente establecer contactos; se trata de encontrar su tribu. Tanto si busca respuestas a preguntas complejas como si simplemente busca ánimos, estas comunidades están ahí para ofrecerle apoyo y orientación.

Formar parte de estas comunidades le permite acceder a una gran cantidad de conocimientos desde diversas perspectivas. Cada miembro aporta experiencias y conocimientos únicos, lo que enriquece los debates y amplía su comprensión del mercado. Esta diversidad es muy valiosa, ya que le ayuda a ver los problemas desde diferentes ángulos y anima a pensar de forma crítica. Relacionarse con personas con distintos niveles de experiencia, desde principiantes hasta traders experimentados, le permite aprender nuevas estrategias y evitar posibles errores. Es como tener un asesor personal dispuesto a compartir ideas y a ayudarle a tomar decisiones informadas.

El subreddit **r/cryptocurrency** de Reddit es uno de los foros más populares para los entusiastas de las criptomonedas. Aquí encontrará debates sobre todo tipo de temas, desde consejos para operar hasta novedades normativas. Es un lugar donde puede hacer preguntas y recibir respuestas de miembros experimentados de la comunidad. El subreddit ofrece una mezcla de noticias, análisis e historias personales que le mantienen informado y comprometido. Del mismo modo, los grupos **de Telegram** y **Discord** se han convertido en esenciales para la comunicación y las actualizaciones en tiempo real. Estas plataformas albergan una variedad de canales dedicados a criptomonedas específicas, estrategias de trading y noticias del mercado. Proporcionan una experiencia más interactiva, en la que puede participar en debates y chats en directo con otros miembros.

Además de r/cryptocurrency, hay muchos otros subreddits que ofrecen información y apoyo especializados. Los subreddits centrados en monedas específicas, como **r/Bitcoin** o **r/Ethereum**, ofrecen consejos y debates específicos. Pueden ser útiles si ha invertido en determinadas criptomonedas o si siente curiosidad por ellas. Cada subreddit tiene su propia cultura y directrices, por lo que vale la pena dedicar tiempo a explorar y encontrar los que más le interesen. Participar en estos espacios no solo amplía sus conocimientos, sino que también crea un sentido de pertenencia al interactuar con personas que comparten intereses comunes.

Aunque estas comunidades son increíblemente valiosas, es importante acercarse a ellas con una mente abierta y un ojo crítico. No todos los consejos se aplicarán a su situación, y es fundamental evaluar la credibilidad de la información que recibe. Participe activamente, haga preguntas y no dude en compartir sus propias experiencias. Al contribuir a estas comunidades, no solo mejora su aprendizaje, sino que también aporta su granito de arena, ayudando a otros en su exploración del mundo de las criptomonedas. Esta relación recíproca fomenta un entorno de apoyo en el que todos se benefician del conocimiento y las experiencias compartidas.

10.2 Herramientas para supervisar tus inversiones

Navegar por el mundo de las criptomonedas puede parecer como estar en medio de un mercado bullicioso, con precios que fluctúan y nuevas oportunidades que surgen a cada paso. Contar con las herramientas adecuadas es fundamental para realizar un seguimiento de sus inversiones y tomar decisiones informadas. Imagine tener un asistente personal que supervisa sus activos mientras usted se centra en otras tareas importantes. **Las aplicaciones de seguimiento de carteras** están diseñadas precisamente para eso. Le ayudan a gestionar sus inversiones en criptomonedas proporcionándole una visión general en tiempo real de sus activos, realizando un seguimiento del rendimiento y ofreciéndole información que le guía en sus estrategias de inversión. Estas herramientas digitales pueden suponer un gran cambio, ya que ofrecen comodidad y claridad en un mercado tan dinámico.

Una de las características más destacadas de las aplicaciones de seguimiento de carteras es su completo panel de control. Imagínese un centro de control en el que puede ver todas sus inversiones a simple vista, desde Bitcoin hasta la altcoin más desconocida. Esta visión general le ofrece una instantánea del valor actual de su cartera y destaca los cambios en el rendimiento, lo que le ayuda a detectar tendencias y realizar ajustes rápidos.

Las alertas de precios en tiempo real son otra característica clave, ya que envían notificaciones directamente a su dispositivo cada vez que se producen movimientos significativos en los precios. Esto le permite reaccionar rápidamente a los cambios del mercado, ya sea vendiendo un activo en su punto álgido o comprando durante una caída.

Las alertas y notificaciones personalizables mejoran esta experiencia, ya que le permiten establecer criterios específicos para las alertas, como umbrales de precios o cambios porcentuales, lo que le garantiza que obtendrá la información que más le interesa.

Elegir la herramienta adecuada para el seguimiento de inversiones puede parecer abrumador, dada la gran cantidad de opciones disponibles. Sin embargo, centrarse en unos pocos criterios clave puede simplificar el proceso. Comience por la interfaz de usuario y la facilidad de uso. Una herramienta con un diseño intuitivo simplificará mucho la navegación y la interpretación de los datos, reduciendo la curva de aprendizaje.

La integración con los exchanges y las billeteras es otro factor importante. La capacidad de sincronizarse con las plataformas que ya utiliza significa que puede importar datos sin problemas, minimizando la entrada manual y los posibles errores.

Además, tenga en cuenta la gama de funciones que se ofrecen. Algunas herramientas proporcionan funciones básicas de seguimiento, mientras que otras ofrecen análisis avanzados, informes fiscales e integración con otras clases de activos, satisfaciendo así diversas necesidades y preferencias.

Entre las herramientas de inversión más populares, **Blockfolio** destaca por sus sólidas capacidades de gestión de carteras. Le permite realizar un seguimiento de sus inversiones en múltiples exchanges, proporcionándole una visión holística de sus activos.

CoinGecko es otra de las favoritas, especialmente para aquellos que valoran la información detallada sobre el mercado. Ofrece información sobre las tendencias del mercado, los movimientos de los precios e incluso sobre la opinión en las redes sociales, lo que le proporciona una perspectiva completa de sus activos.

Para aquellos interesados en gráficos avanzados y análisis técnicos, **TradingView** ofrece un conjunto de funciones que se adaptan tanto a principiantes como a operadores experimentados, con gráficos personalizables y una comunidad de analistas que comparten sus conocimientos. Cada una de estas herramientas aporta ventajas únicas, y encontrar la que se ajuste a sus objetivos de inversión puede mejorar significativamente su estrategia.

Incorporar un rastreador de cartera a su rutina de inversión agiliza su proceso de gestión y le proporciona los conocimientos necesarios para tomar decisiones estratégicas. Es como tener un asesor financiero personal que nunca duerme, analizando constantemente los datos y las tendencias para proporcionarle información útil.

Este nivel de supervisión es especialmente beneficioso en el volátil mundo de las criptomonedas, donde los precios pueden cambiar en un abrir y cerrar de ojos. Al aprovechar estas herramientas, puede mantener una comprensión clara del rendimiento de su cartera, identificar áreas de mejora y aprovechar las oportunidades que surjan, todo ello mientras minimiza los riesgos asociados a las fluctuaciones del mercado.

10.3 Aprendizaje continuo: recursos recomendados

En el vertiginoso mundo de las criptomonedas, mantenerse informado es más que una buena práctica: es una necesidad. Este panorama en constante cambio requiere una adaptación constante a las nuevas tecnologías y un profundo conocimiento de las tendencias del mercado. El entorno de las criptomonedas se mueve rápidamente, con innovaciones que surgen casi a diario. Si quiere mantenerse a la vanguardia, debe comprometerse con el aprendizaje continuo. Esto significa no solo mantenerse al día con los últimos avances, sino también comprender cómo estos cambios afectan a sus inversiones. Ser proactivo en su formación le ayuda a anticiparse a los cambios, lo que le permite estar mejor preparado para responder a la dinámica del mercado. Se trata de estar al mando, listo para afrontar cualquier situación que se le presente.

Para profundizar sus conocimientos, es importante aprovechar los diversos recursos educativos que se adaptan a diferentes estilos y preferencias de aprendizaje. Los cursos online y los seminarios web ofrecen un aprendizaje estructurado y proporcionan información detallada sobre temas específicos. Sitios web como **edX** ofrecen cursos que abarcan desde los fundamentos de la cadena de bloques hasta estrategias avanzadas de negociación. Estos cursos están diseñados para adaptarse a su horario, lo que le permite aprender a su propio ritmo.

Por su parte, **los libros** y podcasts **sobre criptomonedas** ofrecen flexibilidad y profundidad, perfectos para aquellos que prefieren absorber la información de forma más pausada. Los libros pueden ser una forma estupenda de profundizar en el contexto histórico y los fundamentos teóricos de las criptomonedas, mientras que **los podcasts** suelen incluir entrevistas a expertos y debates sobre las tendencias actuales, lo que los convierte en un gran compañero durante los desplazamientos o el entrenamiento.

Los diversos tipos de recursos enriquecen su experiencia de aprendizaje, lo que le garantiza una comprensión completa del mundo de las criptomonedas. **Los tutoriales en vídeo**, por ejemplo, son perfectos para los estudiantes que se benefician de ver los conceptos en acción. Ver una guía paso a paso sobre cómo configurar una billetera o utilizar una plataforma de trading puede ayudar a graficar procesos que parecen complejos sobre el papel.

Del mismo modo, **las entrevistas con líderes del sector** proporcionan perspectivas valiosas y conocimientos de primera mano sobre el funcionamiento interno del mercado. Escuchar cómo los inversores experimentados abordan sus estrategias o cómo los desarrolladores innovan en el ámbito de las cadenas de bloques puede inspirarle e informarle sobre sus propias prácticas.

Es útil adoptar estrategias de aprendizaje eficaces para aprovechar al máximo los recursos educativos disponibles. Empiece por establecer objetivos de aprendizaje claros. Determine lo que quiere conseguir, ya sea dominar el análisis técnico o comprender los marcos normativos. Unos objetivos claros le ayudarán a centrarse y le mantendrán motivado. Programe sesiones de estudio regulares, reservando tiempo específico durante la semana para dedicarle al material de estudio. La constancia es fundamental, ya que la dedicación regular ayuda a reforzar los nuevos conocimientos y a adquirir experiencia con el tiempo. También es importante mantener la curiosidad y la mente abierta, estar dispuesto a explorar nuevos temas y cuestionar las suposiciones existentes.

Tomar notas es otra forma eficaz de mejorar su aprendizaje. Anotar los puntos clave refuerza el conocimiento y sirve como referencia útil para futuras revisiones. Cree un glosario personal de términos y conceptos a medida que los vaya encontrando, asegurándose de que comprende el lenguaje de las criptomonedas.

Participar en debates con compañeros puede consolidar aún más su comprensión, ya que enseñar a otros es una forma poderosa de profundizar en su propio conocimiento. Al compartir ideas y hacer preguntas, también se beneficia del conocimiento colectivo de sus compañeros, obteniendo nuevas perspectivas y aclarando incertidumbres.

A medida que se sumerja en el aprendizaje continuo, recuerde que el objetivo es acumular información y aplicarla de manera eficaz. El mundo de las criptomonedas es vasto y siempre hay más por descubrir. Acepte el viaje del aprendizaje como un esfuerzo de toda la vida, uno que le permite navegar por el mercado con confianza y resiliencia. Con un compromiso con la educación y la voluntad de adaptarse, se posicionará para tener éxito en el ámbito; y a medida que desarrolle sus conocimientos y habilidades, se encontrará mejor preparado para aprovechar las oportunidades y afrontar los retos, allanando el camino para una experiencia gratificante en el mundo de los activos digitales.

En el próximo capítulo, exploraremos las consideraciones legales y fiscales fundamentales para proteger sus inversiones y garantizar el cumplimiento normativo. Mantenga la curiosidad, manténgase informado y siga perfeccionando sus habilidades.

CAPÍTULO 11

CONSIDERACIONES LEGALES Y FISCALES

NAVEGAR por las regulaciones de las criptomonedas es como conducir por una autopista muy transitada con muchos carriles y brazos de salida que conducen a diferentes destinos. En esta compleja red, comprender el panorama legal es como tener un GPS: le proporciona orientación, ayuda a evitar giros equivocados y le mantiene en el camino correcto. Como inversor en criptomonedas, debe conocer las normas y regulaciones que rigen este espacio dinámico. Estas varían significativamente de un país a otro y pueden afectar a la forma en que opera, invierte e incluso guarda criptomonedas. Veamos más de cerca por qué es tan importante conocer estas regulaciones.

Hay tantas regulaciones de criptomonedas como países de las que proceden. Algunas regiones extienden la alfombra roja a las monedas digitales, creando un entorno favorable que fomenta la innovación y el crecimiento. Otras, sin embargo, son más restrictivas y establecen controles estrictos sobre lo que se puede y no hacer. Esta diversidad significa que el lugar donde vive puede afectar significativamente a sus actividades con criptomonedas. Por es, comprender las leyes locales es fundamental, no solo para cumplir con la normativa, sino también para tomar decisiones informadas. Si opera en un país con una normativa estricta, es posible que se enfrente a más retos que en una jurisdicción que acepta las monedas digitales.

Los organismos reguladores desempeñan un papel fundamental en la configuración del panorama de las criptomonedas. En Estados Unidos, la Comisión de Bolsa y Valores (SEC) desempeña un papel central en la regulación de los valores relacionados con las criptomonedas, con el objetivo de proteger a los inversores y garantizar la equidad y la transparencia de los mercados.

Al otro lado del Atlántico, la Autoridad de Conducta Financiera (FCA) del Reino Unido supervisa las actividades relacionadas con los activos digitales, garantizando que las empresas operen de forma legal y den prioridad a la protección de los consumidores.

En Japón, la Agencia de Servicios Financieros (FSA) regula los exchanges de criptomonedas, promoviendo la estabilidad y la transparencia en el mercado.

Cada uno de estos organismos aporta perspectivas y políticas únicas que afectan la forma en que se gestionan y negocian las criptomonedas. Sus funciones son fundamentales para mantener la confianza y el orden en el mundo de las criptomonedas.

Mantenerse al día de los cambios normativos es como estar al tanto de las previsiones meteorológicas cuando se planifica un viaje: las condiciones pueden cambiar rápidamente y no estar preparado puede acarrear problemas. Los últimos acontecimientos han demostrado lo rápido que puede cambiar el panorama normativo. La Unión Europea ha finalizado recientemente la normativa sobre mercados de criptoactivos (MiCA) para aportar claridad y coherencia en todos los Estados miembros. En Estados Unidos está surgiendo poco a poco un marco normativo cohesionado para los activos digitales, aunque su forma definitiva aún es incierta. Mientras tanto, China ha tomado medidas drásticas contra las actividades de minería de criptomonedas, lo que ha causado conmoción en la comunidad minera mundial.

Estos acontecimientos subrayan la importancia de mantenerse informado sobre las actualizaciones normativas, ya que pueden tener implicaciones de gran alcance para sus inversiones y estrategias.

Estos acontecimientos demuestran cómo las medidas reguladoras pueden tener un impacto significativo en el mercado. La prohibición de las ofertas iniciales de monedas (ICO) en China, por ejemplo, alteró la forma en que los proyectos recaudan fondos. Por otro lado, la audaz decisión de El Salvador de adoptar el bitcoin como moneda de curso legal ilustra cómo la regulación puede impulsar el uso generalizado de las criptomonedas.

Cada uno de estos casos refleja la poderosa influencia que las decisiones gubernamentales pueden ejercer sobre el comportamiento de los inversores, la innovación y la dinámica del mercado.

Como entusiasta de las criptomonedas, estar al tanto de estos cambios le ayuda a navegar por el mercado con agilidad y previsión. Cumplir con la normativa no solo consiste en evitar problemas legales, sino también en desarrollar un enfoque sostenible y ético sobre la inversión. Consulte periódicamente los sitios web oficiales de los organismos reguladores para conocer las últimas novedades, y siga los medios de comunicación especializados en cumplimiento normativo para mantenerse informado. Este enfoque proactivo le garantiza que esté operando continuamente dentro de los límites de la ley, lo que protege tanto sus inversiones como su tranquilidad.

Aquí, el conocimiento es su aliado más poderoso. Al comprender y respetar las normas, podrá evitar posibles obstáculos y trazar un camino hacia el éxito. Consulte la sección al final del capítulo para obtener una lista detallada de las autoridades reguladoras de varios países.

11.1 Implicaciones fiscales de las criptomonedas: lo que necesita saber

Navegar por el mundo de los impuestos sobre las criptomonedas puede parecer como intentar encontrar el camino de salida en un laberinto; pero una vez que lo entiendes, el camino se vuelve más evidente.

Dependiendo de dónde viva, las criptomonedas pueden estar sujetas a impuestos diferentes, y es fundamental comprender estas diferencias. En muchos países, las criptomonedas se tratan como activos de capital, al igual que las acciones o los bienes inmuebles. Esto significa que cuando vende sus criptomonedas, sus ganancias están sujetas al impuesto sobre las ganancias de capital. Este impuesto se aplica si el valor de su criptomoneda ha aumentado desde que la compraste hasta que la vendiste. Sin embargo, no todas las transacciones con criptomonedas son sencillas. Por ejemplo, las operaciones entre diferentes criptomonedas también pueden dar lugar a eventos fiscales, incluso si no ha cobrado en moneda tradicional. En estos casos, las autoridades fiscales consideran la operación como si hubiera vendido un activo y comprado otro, lo que puede complicar las cosas.

Los eventos imponibles en el mundo de las criptomonedas son aquellos en los que puede que tenga que pagar impuestos. Vender su criptomoneda por moneda fiduciaria, como dólares o euros, es el evento imponible más común.

Utilizar su criptomoneda para comprar bienes o servicios también es un evento imponible. Piénselo de esta manera: si compra un café con bitcoins, está vendiendo efectivamente una parte de su Bitcoin, y cualquier ganancia que haya tenido sobre el precio de compra es imponible.

Recibir criptomonedas como pago o recompensa por minería es otro escenario que da lugar a una obligación fiscal. En estos casos, las criptomonedas que recibe se consideran ingresos, y debe pagar impuestos basados en su valor justo de mercado al momento de recibirlas. Cada una de estas actividades tiene sus propias reglas, y comprenderlas es fundamental para cumplir con la ley.

La tributación de las criptomonedas no está exenta de dificultades. Uno de los mayores obstáculos es el seguimiento del coste base de sus activos criptográficos, especialmente si ha realizado múltiples transacciones a lo largo del tiempo. El coste base es el valor original de su criptomoneda al momento de adquirirla, y se utiliza para calcular sus ganancias o pérdidas de capital. Llevar registros precisos puede convertirse en una tarea abrumadora si compra y vende con frecuencia. Además, los requisitos de información para las transacciones pequeñas pueden ser tan rigurosos como para las grandes, lo que aumenta la complejidad. La falta de normas globales coherentes significa que lo que funciona en un país puede no ser aplicable en otro, lo que hace que las actividades criptográficas internacionales sean especialmente complicadas. Estos retos pueden hacer que la temporada de impuestos sea un momento estresante para los inversores en criptomonedas, pero hay formas de aliviar la carga.

Afortunadamente, existen recursos que le ayudarán a navegar por las complejidades de los impuestos sobre las criptomonedas. Plataformas como Koinly y CryptoTrader.Tax están diseñadas para ayudarle a realizar un seguimiento de sus transacciones y calcular sus obligaciones fiscales. Estas herramientas pueden integrarse con sus exchanges y billeteras, extrayendo automáticamente sus datos de transacciones y simplificando el proceso. Ofrecen una forma de transformar una tarea potencialmente abrumadora en algo más manejable. Para obtener directrices oficiales, lo mejor es visitar los sitios web fiscales del gobierno. Estos proporcionan información actualizada sobre las leyes y requisitos fiscales locales, lo que le ayuda a garantizar el cumplimiento de la normativa vigente. Puede ganar claridad y confianza en la gestión de sus impuestos sobre criptomonedas aprovechando estos recursos. Consulte la sección al final del capítulo para obtener una lista detallada de las autoridades fiscales de varios países.

11.2 Seguimiento de las transacciones a efectos fiscales

Imagine que está armando un rompecabezas. Cada pieza debe encajar perfectamente para revelar la imagen completa. En el mundo de las criptomonedas, el seguimiento preciso de las transacciones es ese rompecabezas, crucial para ver claramente su panorama financiero y garantizar el cumplimiento de los requisitos fiscales. Llevar un registro meticuloso de cada transacción con criptomonedas es como colocar las piezas del rompecabezas una por una. Cada registro sirve como prueba de compra y venta, y ofrece una imagen detallada de sus transacciones con criptomonedas. Esta precisión es fundamental a la hora de calcular las ganancias y pérdidas de capital, que a menudo se basan en la diferencia entre los precios de compra y venta. Sin estos registros, podría tener dificultades para determinar con precisión sus obligaciones fiscales, lo que podría dar lugar a costosos errores o sanciones.

Para mantener la precisión, tenga en cuenta algunos consejos prácticos para realizar un seguimiento de sus transacciones con criptomonedas. Empiece por llevar un registro detallado de todas las fechas de compra y venta y los precios correspondientes. Esto puede parecer tedioso, pero es una base sólida para calcular sus ganancias o pérdidas. Puede anotarlas en un cuaderno específico o en un documento digital, lo que le resulte más cómodo. Al registrar una operación, debe hacer un seguimiento de la siguiente información:

- Fecha y hora de la operación
- Activo negociado
- Cantidad comprada / vendida
- Precio (en USD o moneda local)
- Comisiones por transacción
- Plataforma / exchange utilizado

La integración de sus registros con las plataformas de exchange y las billeteras mejora su capacidad para realizar un seguimiento de las transacciones sin problemas. Muchas plataformas de exchange ofrecen historiales descargables de las transacciones, lo que le permite importar los datos directamente a su sistema de seguimiento. Esta integración puede ahorrarle tiempo y reducir la probabilidad de errores, garantizando que todos sus registros sean completos y estén actualizados.

Existen varias herramientas y técnicas a su disposición para realizar un seguimiento de sus transacciones con criptomonedas. Para aquellos que prefieren un enfoque práctico, las plantillas de hojas de cálculo ofrecen una forma sencilla de realizar un seguimiento manual de sus transacciones. Con algunas personalizaciones, puede crear un sistema personalizado que se adapte a sus necesidades, lo que le ayudará a mantenerse organizado y centrado. Sin embargo, si el seguimiento manual no le conviene, un software de seguimiento de carteras como CoinTracking podría ser la solución.

Las plataformas de seguimiento automatizan gran parte del proceso, extrayendo datos de diversos exchanges y billeteras para ofrecer una visión completa de sus actividades con criptomonedas. Ofrecen funciones como el seguimiento en tiempo real, la declaración de impuestos y el análisis del rendimiento, lo que las convierte en un activo inestimable para cualquier entusiasta de las criptomonedas.

Aquellos que deseen llevar la automatización al siguiente nivel deberían considerar el uso de herramientas como CryptoTrader.Tax. Este software se especializa en cálculos fiscales, eliminando las conjeturas a la hora de determinar sus obligaciones tributarias. Al introducir los datos de sus transacciones, puede generar informes fiscales detallados que describen sus ganancias, pérdidas y otra información relevante. Este nivel de automatización simplifica el proceso y proporciona tranquilidad, sabiendo que sus cálculos son precisos y cumplen con la normativa fiscal.

Con estas herramientas, puede optimizar sus esfuerzos de seguimiento, lo que le permite centrarse más en sus estrategias de inversión y menos en las tareas administrativas.

11.3 Recursos legales y fiscales

Navegar por el panorama legal y fiscal de las criptomonedas no consiste solo en seguir las normas, sino en tomar decisiones informadas que protejan sus inversiones y garanticen el éxito a largo plazo. Las fuentes de información fiables son su mejor aliado en esta tarea. Los sitios web gubernamentales son una mina de oro para conocer las últimas novedades sobre la normativa y las obligaciones fiscales. Estos sitios suelen ofrecer directrices oficiales y respuestas a preguntas frecuentes, lo que puede ayudarle a aclarar cualquier duda que pueda tener. Los sitios web normativos ofrecen información sobre las últimas novedades del ámbito legal, manteniéndole informado sobre los cambios que podrían afectar a sus actividades con criptomonedas. Para obtener una perspectiva más amplia, recurra a los medios de comunicación centrados en el cumplimiento normativo y a las publicaciones del sector. Estas fuentes ofrecen análisis en profundidad, opiniones de expertos e informes detallados sobre las tendencias, lo que proporciona una visión completa del panorama de las criptomonedas. Suscribirse a los boletines informativos de organizaciones de confianza también puede mantenerle al día, ya que le envían información esencial directamente a su bandeja de entrada.

Participar en redes profesionales es otra forma de mantenerse a la vanguardia en el mundo de las criptomonedas. Unirse a grupos y asociaciones que se centran en la legislación y la fiscalidad de las criptomonedas le da acceso a una gran cantidad de conocimientos y experiencia. Estas comunidades suelen organizar debates, compartir recursos y proporcionar información valiosa de profesionales que se mueven a diario en el terreno legal y fiscal. Los foros online para profesionales de la fiscalidad pueden ser especialmente beneficiosos, ya que le permiten plantear preguntas, intercambiar ideas y aprender de las experiencias de otros. Participar en estas redes mejora su comprensión y le conecta con personas afines que pueden ofrecerle apoyo y orientación cuando lo necesite.

El aprendizaje continuo es clave para prosperar en el entorno de las criptomonedas, en constante evolución. Los seminarios web y los cursos online centrados en los aspectos legales y fiscales de las criptomonedas son excelentes recursos para ampliar sus conocimientos. Estas oportunidades educativas suelen estar dirigidas por expertos que profundizan en temas complejos y los desglosan en partes más fáciles de digerir. Los talleres impartidos por profesionales del ámbito jurídico ofrecen experiencias de aprendizaje prácticas, lo que le permite aplicar lo aprendido en situaciones reales. Los cursos online sobre el cumplimiento de las obligaciones fiscales en materia de criptomonedas pueden proporcionarle las habilidades necesarias para gestionar sus obligaciones fiscales con confianza. Cuanto más aprenda, mejor preparado estará para tomar decisiones informadas que beneficien sus inversiones en criptomonedas.

Estar al tanto de la evolución legislativa es fundamental para mantenerse informado sobre los posibles cambios legales que podrían afectar a sus actividades con criptomonedas. El seguimiento de las propuestas legislativas le permite anticiparse a los cambios en el panorama normativo, lo que, en consecuencia, le da tiempo para ajustar sus estrategias. Los grupos de defensa desempeñan un papel importante en la configuración de la legislación, y colaborar con ellos puede proporcionar información sobre la dirección de las futuras regulaciones. Estos grupos suelen trabajar para proteger los intereses de los inversores en criptomonedas, abogando por políticas justas y equilibradas. Si se mantiene informado y comprometido, podrá navegar con confianza por el complejo entorno legal, asegurándose de que sus inversiones sigan siendo seguras y cumplan con la normativa.

11.4 Nuevas normas fiscales sobre criptomonedas en EE. UU.

En 2024, el IRS implementó varias normas nuevas para mejorar la forma en que se gravan y declaran las criptomonedas y otros activos digitales. Un cambio significativo fue la introducción de nuevos requisitos de declaración para los corredores, incluidos los exchanges de criptomonedas, los proveedores de billeteras y algunas aplicaciones de pago. Ahora, estas plataformas están obligadas a declarar las transacciones de los clientes al IRS, de forma similar a como los corredores de bolsa declaran las operaciones. Para facilitar este proceso, el IRS creó un nuevo formulario denominado **Formulario 1099-DA**, que los corredores comenzarán a utilizar en 2025 para informar del importe de venta de criptomonedas. A partir de 2026, el formulario también incluirá la cantidad que abonó inicialmente (su base de coste), lo que facilitará tanto al IRS como a usted hacer el cálculo de sus ganancias o pérdidas.

También hay una ley en trámite llamada Ley FIT21 (abreviatura de «Ley de Innovación Financiera y Tecnología para el Siglo XXI»). Aunque aún no se promulgó, este proyecto de ley tiene por objeto aclarar cómo se regulan los activos digitales. Dividirá la supervisión entre la SEC (Comisión de Bolsa y Valores) y la CFTC (Comisión de Comercio de Futuros de Materias Primas), lo que ayudará a definir qué activos se tratan como valores y cuáles como materias primas. El objetivo es apoyar la innovación en el ámbito de las criptomonedas y, al mismo tiempo, establecer normas claras y coherentes.

A medida que las leyes sobre criptomonedas siguen evolucionando, mantenerse informado es más importante que nunca para cumplir con la normativa y evitar sorpresas en la temporada de declaración de impuestos. Supervise los cambios utilizando los recursos descritos en este capítulo y consulte a su asesor fiscal para obtener orientación específica para su situación.

11.5 Situaciones fiscales reales: lecciones aprendidas

Veamos algunos casos fiscales reales a los que se han enfrentado los inversores en criptomonedas. Estas historias ofrecen lecciones y conocimientos valiosos para navegar por el a menudo complicado mundo de los impuestos sobre las criptomonedas.

Una situación habitual son los errores en la declaración, en la que los inversores pueden haber cometido errores involuntarios en sus declaraciones. Estos pueden dar lugar a auditorías, que son estresantes y pueden acarrear sanciones. Por ejemplo, un inversor podría haber declarado incorrectamente el coste base de sus criptoactivos, lo que daría lugar a cálculos incorrectos sobre sus ganancias de capital.

Cuando las autoridades fiscales detectan discrepancias, pueden iniciar una auditoría para investigar el asunto. Este proceso puede llevar mucho tiempo y requiere que el inversor proporcione documentación que respalde sus afirmaciones. Errores como estos ponen de relieve la importancia de la precisión y las posibles consecuencias de los descuidos.

Otro escenario expone las ventajas de planificar los impuestos con antelación. Imaginemos un inversor que planifica meticulosamente sus transacciones criptográficas a lo largo del año. Al llevar registros detallados y consultar con profesionales fiscales, puede gestionar estratégicamente sus activos para minimizar sus obligaciones fiscales. Por ejemplo, puede recurrir a **la recolección de pérdidas fiscales**, vendiendo activos de bajo rendimiento con pérdidas para compensar las ganancias de capital en otras partes de su cartera. Este enfoque proactivo le permite reducir su factura fiscal global y optimizar su estrategia de inversión. La planificación y la aplicación de estrategias como la recolección de pérdidas fiscales pueden tener un impacto significativo en los resultados de un inversor, lo que pone de relieve la importancia de la planificación y la gestión inteligente del dinero.

A menudo surgen dificultades a la hora de gestionar las discrepancias en los registros de transacciones. Esto puede ser especialmente problemático para los inversores que operan con frecuencia o utilizan múltiples exchanges. Estas discrepancias pueden producirse cuando las fechas o los importes de las transacciones registradas no coinciden con las operaciones reales. Para resolver estos problemas es necesario revisar cuidadosamente todos los registros, a menudo comparando los historiales de los exchanges con los registros personales. Esto puede resultar tedioso, pero es necesario para garantizar la exactitud. Cuando se detectan errores, es fundamental corregir las declaraciones incorrectas. Los inversores deben presentar declaraciones de impuestos modificadas, proporcionando la información corregida y la documentación justificativa. Hacerlo con prontitud puede ayudar a mitigar las sanciones y demostrar el compromiso con el cumplimiento.

La conclusión clave de estas experiencias es la importancia de llevar registros precisos y presentar los impuestos a tiempo, lo que evita recargos por demora y permite a los inversores resolver cualquier discrepancia antes de que se agrave. Además, aprovechar la recolección de pérdidas fiscales como estrategia puede convertir las pérdidas en oportunidades, proporcionando una forma de equilibrar las ganancias y reducir la base imponible. Estas lecciones subrayan el valor de ser proactivo en la gestión de los impuestos sobre las criptomonedas. Las consultas periódicas con profesionales fiscales pueden ofrecer orientación adaptada a la situación particular de cada persona, proporcionando claridad y confianza en sus estrategias fiscales.

Las normativas fiscales evolucionan constantemente, y mantenerse informado garantiza que los inversores sigan cumpliendo con la normativa y aprovechen las nuevas oportunidades. Este enfoque proactivo puede evitar sorpresas y permitir ajustes estratégicos en respuesta a los cambios en el panorama fiscal. Al adoptar una mentalidad proactiva y aprovechar los recursos disponibles, los inversores pueden navegar por las complejidades de los impuestos sobre las criptomonedas con mayor facilidad y éxito.

11.6 Recursos normativos y fiscales

A continuación se incluye una lista de los principales reguladores de criptomonedas y autoridades fiscales de varios países importantes. Esto incluye a los reguladores financieros (que supervisan los mercados y los exchanges de criptomonedas) y a las autoridades fiscales (que se encargan de la tributación y la declaración de las criptomonedas).

Nota: Esta lista no es exhaustiva y puede modificarse a medida que la normativa y la supervisión sigan evolucionando. Es fundamental identificar los organismos reguladores y las autoridades fiscales pertinentes en su propio país o región y mantenerse informado a medida que se desarrollan las políticas.

Estados Unidos

- **Organismos reguladores financieros:**
  - **SEC** (Security and Exchange Commission): regula las criptomonedas como valores (por ejemplo, ICO, contratos de inversión).
  - **CFTC** (Commodity Futures Trading Commission): trata las criptomonedas como materias primas; supervisa los derivados y futuros.
  - **FinCEN** (Financial Crimes Enforcement Network): aplica las normas AML / KYC y supervisa las actividades ilícitas.
  - **OCC** (Office of the Comptroller of the Currency): supervisa los bancos nacionales que ofrecen servicios de criptomonedas.
- **Autoridad fiscal:**
  - **IRS** (Internal Revenue Service): trata las criptomonedas como bienes; exige la declaración de las ganancias de capital.

Unión Europea

- **Reguladores financieros:**
  - **ESMA** (European Securities and Markets Authority): supervisa y coordina a los Estados miembros.
  - **ECB** (European Central Bank): supervisa las implicaciones de las criptomonedas para la política monetaria y la estabilidad financiera.
  - **MiCA** (Markets in Crypto-Assets Regulation): nuevo marco regulatorio a escala de la UE para los proveedores de servicios de criptomonedas (que se introducirá gradualmente entre 2024 y 2025).
- **Autoridades fiscales:**
  - Varía según el país miembro; orientación común:
    - Las criptomonedas suelen tributar como ganancias de capital.

        - Ejemplos:
            - Alemania: Oficina Central Federal de Impuestos (BZSt)
            - Francia: Dirección General de Finanzas Públicas (DGFiP)
            - Países Bajos: Administración Fiscal (Belastingdienst)

China

- **Organismos reguladores financieros:**
    - **PBoC** (People's Bank of China): aplica prohibiciones al comercio y la minería de criptomonedas; promueve el yuan digital, la moneda digital del banco central (CBDC).
    - **CAC** (Cyberspace Administration of China): regula los servicios relacionados con la cadena de bloques.
- **Autoridad fiscal:**
    - **SAT** (State Administration of Taxation): aunque el comercio de criptomonedas está prohibido, su propiedad puede tener implicaciones fiscales en determinadas condiciones.

Japón

- **Organismos reguladores financieros:**
    - **FSA** (Financial Services Agency): concede licencias y regula los exchanges de criptomonedas; aplica estrictas normas AML/KYC.
- **Autoridad fiscal:**
    - **NTA** (National Tax Agency): trata las criptomonedas como «ingresos diversos» para las personas físicas; sujetas al impuesto sobre la renta progresivo.

Reino Unido

- **Organismos reguladores financieros:**
    - **FCA** (Financial Conduct Authority): regula las empresas de criptomonedas, especialmente en las áreas de AML y publicidad.

- **Autoridad fiscal:**
  - **HMRC** (Her Majesty's Revenue and Customs): trata las criptomonedas como bienes; se aplica el impuesto sobre las ganancias de capital a las operaciones bursátiles y las inversiones.

Canadá

- **Organismos reguladores financieros:**
  - **CSA** (Canadian Securities Administrators): coordina las leyes provinciales sobre valores; en muchos casos, las criptomonedas se tratan como valores.
  - **FINTRAC** (Financial Transactions and Reports Analysis Centre): cumple con las normas AML/KYC para las empresas de criptomonedas.
- **Autoridad fiscal:**
  - **CRA** (Canada Revenue Agency): grava las criptomonedas como ganancias de capital o ingresos empresariales dependiendo de la actividad.

CONCLUSIÓN

¡Enhorabuena! Ha llegado al final de nuestro viaje juntos, explorando el apasionante y a veces abrumador mundo de las criptomonedas. Hemos cubierto muchos temas, desde la comprensión de los fundamentos de la tecnología blockchain hasta el desarrollo de estrategias de trading personalizadas y la navegación por las implicaciones legales y fiscales de sus inversiones. Ha sido una aventura increíble y debe estar orgulloso del progreso que ha logrado.

Para terminar, quiero destacar la importancia de construir una base sólida en el mundo de las criptomonedas. Comprender conceptos clave como *billeteras, exchanges* y *análisis de mercado* es fundamental para su éxito como inversor. Estos fundamentos le servirán de ancla, proporcionándole estabilidad y confianza.

Recuerde que el mundo de las criptomonedas está en constante evolución, con nuevas tecnologías, tendencias y oportunidades que surgen a diario. Para mantenerse a la vanguardia, es esencial adoptar el aprendizaje continuo. Siga explorando, investigando y manteniéndose informado sobre las últimas novedades en este ámbito. Los recursos y estrategias que se analizan a lo largo de este libro serán muy valiosos para su formación continua.

A medida que continúe su viaje por este apasionante mundo, no olvide la importancia de la gestión de riesgos. Diversificar su cartera, controlar sus emociones y utilizar herramientas como las órdenes stop loss puede ayudarle a sortear los altibajos del mercado. Estas estrategias serán su salvavidas, protegiendo sus inversiones y ayudándole a tomar decisiones informadas ante la volatilidad.

Uno de los aspectos más poderosos de la comunidad de las criptomonedas es el sentido de camaradería y apoyo. Relacionarse con otras personas que comparten su pasión por las criptomonedas puede ser increíblemente gratificante. Únase a foros, asista a reuniones y participe en debates online. Encontrará una gran cantidad de conocimientos, inspiración y amistad entre sus compañeros entusiastas.

Entonces, ¿cuáles son las conclusiones clave de nuestro tiempo juntos? En primer lugar, establezca objetivos de inversión claros y desarrolle un plan de trading personalizado. Comprenda la importancia del análisis de mercado, tanto técnico como fundamental. Aprenda a identificar y evitar las estafas, y dé siempre prioridad a la seguridad de sus activos digitales. Estos conocimientos serán su guía a medida que se adentre en el universo de las criptomonedas.

Con los conocimientos y las herramientas que ha adquirido en este libro, puede dedicarse con confianza al comercio y la inversión en criptomonedas. Pero no se limite a creer en mi palabra: ¡ponga sus habilidades en práctica! Cree una billetera, únase a una comunidad y empiece a operar con una pequeña inversión. La mejor manera de aprender es haciendo, y cada experiencia, ya sea un éxito o un revés, será una lección valiosa.

Al embarcarse en este nuevo y emocionante capítulo, recuerde que su viaje de aprendizaje nunca termina realmente. Siga explorando, siga haciendo preguntas y siga esforzándose por crecer. El mundo de las criptomonedas está lleno de posibilidades, y con dedicación y perseverancia puede alcanzar sus objetivos financieros.

Le dejo con esta reflexión final: usted tiene el poder de moldear su futuro financiero. El mercado de las criptomonedas puede ser impredecible, pero con los conocimientos, la mentalidad y el apoyo adecuados puede navegar por él con confianza. Aproveche las oportunidades, aprenda de los retos y nunca deje de creer en sí mismo. Ahora salga y aproveche las increíbles oportunidades que le esperan en el mundo de las criptomonedas. ¡El futuro está en sus manos!

REFERENCIAS

«Crypto Losses» (Pérdidas en criptomonedas), de Jeffrey A. Maine y Xuan-Thao Nguyen. (2025). Obtenido de https://digitalcommons.mainelaw.maine.edu/faculty-publications/163/

Los 10 mejores rastreadores de carteras de criptomonedas para cada inversor. (2025). Obtenido de https://coinbureau.com/analysis/best-crypto-portfolio-trackers/

Las 11 mejores billeteras de criptomonedas de febrero de 2025. (2025). Obtenido de https://money.com/best-crypto-wallets/

Las 6 mejores aplicaciones y simuladores de trading con criptomonedas en 2023. (2025). Obtenido de https://blog.tradingleagues.app/6-best-crypto-paper-trading-apps-simulators-in-2023/

8 maneras de diversificar su cartera de criptomonedas y limitar el riesgo. (2025). Obtenido de https://money.usnews.com/investing/cryptocurrency/articles/ways-to-diversify-your-crypto-portfolio-and-limit-risk

Adaptabilidad y flexibilidad en el trading: estrategias para el éxito. (2025). Obtenido de https://www.quantifiedstrategies.com/adaptability-and-flexibility-in-trading/

Evite las plataformas de exchange de criptomonedas falsas con esta lista. (2025). Obtenido de https://www.datavisor.com/wiki/fake-cryptocurrency-exchanges/

Los mejores cursos y programas online sobre criptomonedas. (2025). Obtenido de https://www.edx.org/learn/cryptocurrency

Blockchain - Wikipedia. (2025). Obtenido de https://en.wikipedia.org/wiki/Blockchain#:~:text=A%20blockchain%20was%20created%20by,Scott%20Stornet-ta%2C%20and%20Dave%20Bayer.

Titulares de última hora: Impacto en la actividad comercial en... (2025). Obtenido de https://www.sciencedirect.com/science/article/abs/pii/S0264999323002092

Casos prácticos: inversiones criptográficas exitosas respaldadas por... (2025). Obtenido de https://medium.com/@shuumar48/case-studies-successful-crypto-investments-backed-by-market-research-c9e431617ff5

Caso práctico: el fraude de la criptomoneda BitConnect. (2025). Obtenido de https://www.bdo.ca/insights/cryptocurrency-execs-charged-for-2-4-billion-ponzi-scheme

Exchanges de criptomonedas centralizados frente a descentralizados. (2025). Obtenido de https://cointelegraph.com/learn/articles/centralized-vs-decentralized-crypto-exchanges

Indicadores técnicos criptográficos: guía para principiantes | Kraken. (2025). Obtenido de https://www.kraken.com/learn/crypto-technical-indicators#:~:text=Common%20indicators%20include%20moving%20averages,OBV)%20for%20assessing%20-directional%20volume.

Inversión en criptomonedas: ¿diversificación o riesgo? (2025). Obtenido de https://rankiapro.com/en/insights/cryptocurrency-investment-diversification-risk/

Day trading frente a swing trading: ¿cuál es la diferencia? (2025). Obtenido de https://

www.investopedia.com/articles/active-trading/052815/pros-cons-day-trading-vs-swing-trading.asp

Activos digitales | Servicio de Impuestos Internos. (2025). Obtenido de https://www.irs.gov/filing/digital-assets

Operaciones emocionales en el mercado de las criptomonedas. (2025). Obtenido de https://www.sciencedirect.com/science/article/abs/pii/S1544612320317268

El FBI publica el informe sobre fraude con criptomonedas de 2023. (2025). Obtenido de https://www.fbi.gov/news/press-releases/fbi-publishes-2023-cryptocurrency-fraud-report

Informe sobre la regulación global de las criptomonedas en 2023. (2025). Obtenido de https://www.pwc.com/gx/en/about/new-ventures/global-crypto-regulation-report-2023.html

Guía sobre la seguridad de las criptomonedas. (2025). Obtenido de https://www.arkoselabs.com/explained/guide-to-cryptocurrency-security/

¿Cómo funcionan las criptomonedas? Guía para principiantes. (2025). Obtenido de https://www.coursera.org/articles/how-does-cryptocurrency-work

Cómo utilizar las bandas de Bollinger en el comercio de criptomonedas | Mudrex Learn. (2025). Obtenido de https://mudrex.com/learn/bollinger-bands-in-crypto-trading/#:~:text=Bollinger%20Bands%20can%20be%20combined,into%20trend%20direction%20and%20momentum.

Cómo configurar una billetera de hardware: paso a paso. (2025). Obtenido de https://materialbitcoin.com/en/blog/set-up-hardware-wallet/?srsltid=AfmBOopKtynwFYqIom1OlkKLPqDgrPU29XpW78eSxnaG-QXmX1xOsePn

Cómo realizar un seguimiento de las transacciones con criptomonedas: guía completa. (2025). Obtenido de https://www.cointracker.io/blog/how-to-track-crypto-transactions

Dentro de las mentes de los mejores operadores de criptomonedas: historias de éxito y... (2025). Obtenido de https://pi42.com/blog/inside-the-minds-of-top-crypto-traders/

Introducción a los contratos inteligentes. (2025). Obtenido de https://ethereum.org/en/developers/docs/smart-contracts/

KYC para criptomonedas: garantizar la seguridad y el cumplimiento normativo de las criptomonedas | Plaid. (2025). Obtenido de https://plaid.com/resources/compliance/kyc-crypto/#:~:text=What%20is%20KYC%20in%20cryptocurrency,other%20illegal%20or%20illicit%20activities.

Alcanzar tus objetivos con las criptomonedas. (2025). Obtenido de https://collectiveshift.io/beginner/planning-your-crypto-goals/

Proteja su billetera: Bitcoin. (2025). Obtenido de https://bitcoin.org/en/secure-your-wallet

Las monedas estables como herramienta para mitigar el riesgo de caída de... (2025). Obtenido de https://www.sciencedirect.com/science/article/pii/S1062940822001735

Órdenes stop loss y take-profit. (2025). Obtenido de https://help.crypto.com/en/articles/4453247-stop loss-and-take-profit-orders

Las 20 mejores páginas web de noticias sobre criptomonedas en 2023. (2025). Obtenido de https://www.yadaontheblock.com/post/best-crypto-news-websites

Las ventajas de la diversificación en las criptomonedas. (2025). Obtenido de https://www.globalxetfs.com/the-benefits-of-diversification-in-crypto/

Sincronizar el mercado: mitos y realidades para los inversores en criptomonedas. (2025). Obtenido de https://thesecretsandbox.com/2025/02/04/timing-the-market-myths-and-realities-for-crypto-investors/

Los 12 mejores servidores de Discord sobre criptomonedas a los que unirse en 2025. (2025). Obtenido de https://dailycoin.com/top-10-crypto-discord-servers-to-join/

Las principales plataformas de exchange de criptomonedas clasificadas por volumen. (2025). Obtenido de https://coinmarketcap.com/rankings/exchanges/

Principales mitos sobre las criptomonedas. (2025). Obtenido de https://www.investopedia.com/tech/top-bitcoin-myths/

Comprensión básica de los gráficos de velas japonesas. (2025). Obtenido de https://www.investopedia.com/trading/candlestick-charting-what-is-it/

Solución de problemas y consejos sobre billeteras. (2025). Obtenido de https://help.coinbase.com/en/wallet/other-topics/troubleshooting-and-tips

¿Cuáles son los riesgos legales para los inversores en criptomonedas? (2025). Obtenido de https://www.investopedia.com/tech/what-are-legal-risks-cryptocurrency-investors/

¿Qué es la tolerancia al riesgo en el comercio de criptomonedas? - Altrady. (2025). Obtenido de https://www.altrady.com/crypto-trading/risk-management/risk-tolerance-crypto-trading#:~:text=To%20determine%20your%20risk%20tolerance,emotional%20capacity%20to%20handle%20losses.

www.ingramcontent.com/pod-product-compliance
Lightning Source LLC
LaVergne TN
LVHW022053200926
848481LV00003B/898